U0463903

付　磊

杨渝南

唐继平 ◎ 著

四川农村土地制度改革
与高质量利用

——基于数理统计分析

四川大学出版社
SICHUAN UNIVERSITY PRESS

图书在版编目（CIP）数据

四川农村土地制度改革与高质量利用 ：基于数理统
计分析 / 付磊，杨渝南，唐继平著. -- 成都 ：四川大
学出版社，2024. 12. --（经管数学应用丛书）.
ISBN 978-7-5690-7085-9

Ⅰ. F321.1

中国国家版本馆 CIP 数据核字第 2024JV9718 号

书　　名：四川农村土地制度改革与高质量利用——基于数理统计分析
　　　　　Sichuan Nongcun Tudi Zhidu Gaige yu Gaozhiliang Liyong——
　　　　　Jiyu Shuli Tongji Fenxi
著　　者：付　磊　杨渝南　唐继平
丛 书 名：经管数学应用丛书

丛书策划：蒋　玙
选题策划：蒋　玙
责任编辑：蒋　玙
责任校对：周维彬
装帧设计：墨创文化
责任印制：李金兰

出版发行：四川大学出版社有限责任公司
　　　　　地址：成都市一环路南一段 24 号（610065）
　　　　　电话：（028）85408311（发行部）、85400276（总编室）
　　　　　电子邮箱：scupress@vip.163.com
　　　　　网址：https://press.scu.edu.cn
印前制作：四川胜翔数码印务设计有限公司
印刷装订：成都金阳印务有限责任公司

成品尺寸：170 mm×240 mm
印　　张：11
字　　数：209 千字

扫码获取数字资源

版　　次：2024 年 12 月 第 1 版
印　　次：2024 年 12 月 第 1 次印刷
定　　价：58.00 元

四川大学出版社
微信公众号

本社图书如有印装质量问题，请联系发行部调换

序

　　土地，人类生存发展之本，是在人们生产生活中居第一位的生产资料。马克思将其看作"一切生产和一切存在的源泉"，"即一切财富的原始源泉"。农村土地制度作为一个国家政治经济制度的基础性制度，更是牵动着经济社会发展的"神经中枢"。我国2000多年的封建王朝历史，农村土地从"均分"制到集中兼并、收入两极分化的循环演进，就像一面镜子映照出王朝兴衰更替的历史周期律。中国共产党自诞生之日起，始终将土地改革摆在重要地位，坚持人民至上、改革创新，从现实国情农情出发，在总结借鉴古今中外农村土地制度改革经验教训的基础上，历经百年探索实践，不断丰富发展农村集体所有制，确立了以家庭承包经营为基础、统分结合的双层经营体制，蹚出了一条具有中国特色的农村改革发展之路。

　　我与土地制度的"学术缘分"，还要从12年前开始准备博士入学考试接触《资本论》说起。初识《资本论》，地租理论的精辟见解吸引了我的注意，联系我国社会主义公有制体制，在农村集体所有制下是否还存在绝对地租、级差地租、垄断地租？如何用地租理论解释我国征地等难题？这些问题久久在脑海萦绕，更加激发了我对政治经济学的兴趣，希冀通过系统性学习掌握经济学理论，能够透过现象看本质，真正理解现实生活中经济现象背后的经济学逻辑。由此，博士入学后，在导师陈永正的系统指导下，我坚定选择了农村经济作为研究方向，从而开启了真正的学术生涯之路。然而，当年对学术充满激情的楞头小伙子又岂料学术道路之艰辛、苦海之煎熬。在导师指引下，我从小农经济入手研究农村问题，然而游离在社会学的范式中不可自拔，走了很长的弯路，最终在导师反复的"拨乱反正"中逐步走到政治经济学的正轨，深刻认识到农村改革的核心是土地制度，即土地产权设置，这是研究农村问题绕不开的主题。正如当年马克思因对林木盗窃法愤慨，从法学问题研究逐步转向了政治经济学方向。基于此，我将学术研究聚焦于农地制度，运用马克思产权理论解决我国农地产权的现实问题，从中确立了为之奋斗的学术志向。

本书主要基于 2020 年申报立项的四川省科技厅软科学和省社科统计专项项目的研究成果。在对我国农村土地产权制度历史演进再梳理的基础上，通过实地调研等方式整理归纳股份合作、集体流转、土地推出、产权交易四类改革的典型案例，运用马克思产权理论等构建"产权－要素－效益"的分析框架，分析农地产权结构调整对劳动力、土地、资本、技术等农业生产要素配置的影响，进而运用面板数据测算分析农地改革对农业生产效率及土地利用效率的影响，并从农民产权利益的角度证明农地产权改革带来的正面效益。最后，借鉴国内外农地产权制度改革案例，提出以深化农地产权改革促进四川土地高质量利用的对策建议。

书稿写作过程中，付磊主持了全书内容的设计、组织和主笔工作，杨渝南老师、唐继平老师参与了书稿部分章节的写作和统筹工作，农业管理硕士研究生张根杰、陈婷、张思远、林琳、史云清全程参与了书稿内容的写作、修订和校对等工作，付出了辛勤努力。同时，书稿在编纂过程中得到了翟坤周老师、李德山老师的指导，以及四川大学出版社的支持和帮助，在此谨致谢意。

农村土地制度改革和高质量利用是一个宏大的课题，寥寥十余万字难以深入细致地展开论述，不免挂一漏万、瑕疵百出，诚恳接受广大学者的批评指正。"乡村振兴研荟之家"将本着金石可镂的如磐初心，矢志不移地在农地产权改革的学术研究道路上深耕细作、笔耕不辍，努力为实现乡村全面振兴、农民农村共同富裕贡献团队的微薄之力。

谨以此书献给无怨无悔支持我学术创作的爱人杨舒越及家人们，献给栽培养育我的母校——西南科技大学，致敬坚强领导农村改革的伟大中国共产党，献礼新中国 75 周年华诞！

付磊
2024 年 6 月 25 日书于北京前门

目　录

第1章　绪论

党的二十大报告提出，"深化农村土地制度改革，赋予农民更加充分的财产权益"。土地是最重要的生产资料，"是我们的一切，是我们生存的首要条件"。[①] 作为一种稀缺的资源要素，特别是在我国人地矛盾较为突出的背景下，土地面临着集约使用和优化配置的难题。特别是在农村地区，土地产权制度是农村生产关系的前提基础，其产权配置的合理与否直接关系着土地的利用效率、农业的生产发展和农民的生活水平。在新时代推动乡村全面振兴和农业农村现代化的进程中，深化农村土地制度改革和促进高质量利用意义重大、影响深远。

1.1　问题提出

新中国成立以来，围绕土地权利的界定和权益的分配，农村土地产权制度创新始终贯穿其中，从农民所有制替代地主私有制，到合作制向集体所有制的过渡，"三级所有、队为基础"的体制固化并延续下来。然后，土地产权高度集中的农村集体所有制丧失了生产者激励，造成农业生产发展的停滞，一场由基层农民发起的"包产到户"试验成为改革开放的先声。由此，围绕集体所有权和经营使用权的分离，家庭联产承包责任制从逐步确立到不断完善，带动了农村、农业、农民的全面发展，成为农村土地制度改革的主基线。随着农业生产力的快速提升，国家通过稳定土地承包关系、赋予农民长期的使用权、用法律的手段保障农民对土地的用益物权，并通过确权颁证进一步固化土地承包经

[①] 中共中央马克思恩格斯列宁斯大林著作编译局. 马克思恩格斯选集（第1卷）[M]. 北京：人民出版社，2012：31.

营权，拓展抵押和担保等功能，推进农地流转，提高土地使用效益，促进了农业规模化经营，农民收入持续增长，农业农村发生了翻天覆地的变化。但是，以土地公有私营为特征的家庭承包本身孕育着一定的个体经济关系，为小农经济的固化发展提供了"温床"。这种细碎化、小规模的小农经济，是生产力水平较低、物质技术基础还未发展起来条件下的现实选择，长远来看，一亩三分地的生产经营受制于成本"地板"和价格"天花板"的双重压迫，根本无力承载小农增收致富和农业现代化重任。在当前全面推进农业农村现代化的背景下，小农经营方式大大削弱了农村生产要素的市场流动，阻碍了农村市场机制的发育和资源配置的效率，使农业、农村、农民游离于市场经济的边缘，农村耕地撂荒或过度使用的问题凸显，土地资源的可持续利用面临巨大挑战，成为实现乡村振兴的制度性障碍。面对百年未有之大变局，粮食安全已经成为国家安全的重要基石，以承包地为核心的农村生产要素，迫切需要通过新一轮市场化改革实现高质量利用。

习近平总书记指出：新时代推进农村土地制度改革，要坚持把依法维护农民权益作为出发点和落脚点，坚持农村土地农民集体所有制不动摇，坚持家庭承包经营基础性地位不动摇。[①] 2017 年，党的十九大首次提出实施乡村振兴战略，并在《乡村振兴战略规划（2018—2022 年）》中明确，要强化资源保护与节约利用，以绿色发展引领乡村振兴。2021 年中央一号文件提出"强化土地流转用途监管，确保耕地数量不减少、质量有提高"。2022 年中央一号文件强调农村将会落实三大土地改革，即落实好耕地保护建设硬措施，严格耕地保护责任，加强耕地用途管制，建设 1 亿亩高标准农田。2023 年，中央一号文件进一步强调要"深化农村土地制度改革，扎实搞好确权，稳步推进赋权，有序实现活权，让农民更多分享改革红利。研究制定第二轮土地承包到期后再延长30 年试点工作指导意见"。2024 年中央一号文件强调"在耕地总量不减少、永久基本农田布局基本稳定的前提下，综合运用增减挂钩和占补平衡政策，稳妥有序开展以乡镇为基本单元的全域土地综合整治，整合盘活农村零散闲置土地，保障乡村基础设施和产业发展用地。""启动实施第二轮土地承包到期后再延长 30 年整省试点"。这充分体现了党和国家对农村土地问题的高度重视，并将之作为促进乡村振兴的重要举措。

就四川而言，作为我国重要的资源大省、农业大省，也是人口大省，实有耕地 10084 万亩，但人均耕地面积仅 1.2 亩，低于全国平均水平，且耕地以盆地丘陵区居多，人地矛盾十分突出。近年来，随着工业化、城市化的快速推

---

① 习近平. 论"三农"工作［M］. 北京：中央文献出版社，2022：303.

进，对土地资源的刚性需求日益高涨，土地利用朝集约节约的方向转变。但是，持续缩紧的城市用地指标与农村土地利用粗放浪费的现象相生并存，破解土地制约的压力不断加大。立足新发展阶段，深化农村土地制度改革、构建农村土地高质量开发保护的新格局，不仅是做好乡镇行政区划调整改革"后半篇文章"、打造乡村振兴四川样板的关键路径，也是实现农业农村现代化和农民农村共同富裕的必然之路。

为此，本研究在深刻把握我国农村土地制度改革的历史逻辑的基础上，分类整理四川农地改革的典型案例，探讨农地制度改革影响土地利用效率的作用机理和路径，并通过统计检验发现问题、提出对策，以期为精准制定农村土地政策提供参考依据。

1.2　相关文献综述

通过文献分析法，从我国农村土地产权改革研究、农村土地利用效率研究、农村土地利用转型发展研究、农村土地利用的影响因素研究以及四川农村土地利用研究等方面对现有研究成果进行综述。

1.2.1　农村土地产权改革研究

自改革开放以来，国内诸多经济学领域专家及学者从时间序列的视角出发对中国农村产权制度做了系统性的研究分析。林毅夫、周其仁、刘守英、党国英、张红宇、陈林等学者在此领域持续深耕并产生了许多重要成果，形成了较为成熟、缜密的理论体系。众所周知，实践探索进程在较大程度上是走在理论研究前面的。就近年来我国农村集体产权制度改革的特征与问题研究来讲，国内相关领域的大部分学者选择从实地调研入手，收集整理地区改革实例经验进行研究。农业部课题组（2014）结合各地改革情况，为了分析得到不同地区的农村集体产权制度改革出现的若干问题，从资产界定、成员资格、股权管理和市场建设四个方面进行了较为深入的研究[①]。农村集体产权制度改革中具有代表性的实例有：温州市主要侧重于集体组织资产所有权归属界定、集体经济组织成员资格界定、分配比例核定和内部治理结构四个部分；深圳市和苏州市主

[①]　农业部课题组. 农村集体产权制度改革的实践与探索 [J]. 农村工作通讯，2014（3）：52－55.

要侧重于对股份经济合作组织的法律身份和市场主体地位的追求。此外，北京①、上海②③、广州④等区域在农村集体产权制度改革中的困境挑战与政策措施，值得深入研究分析。还有学者聚焦改革的具体方向进行分析论证，认为推进农村集体产权制度改革，需要在成员资格认定、规范股权管理、完善治理结构、培育发展产权市场以及调整完善现行法律法规和政策规定等方面加快试点试验。⑤从"权利"和"市场"维度展开，廖炳光（2019）和吴晓燕（2020）等认为，土地制度改革应在加强对农民权利保护的同时，推动城乡土地平权，形成城乡统一的建设用地市场，并逐步将宅基地纳入这一市场⑥；农村土地产权制度适应城市化、市场化和城乡融合发展的变革，是乡村振兴的基础⑦；应从要素有序流动和优化资源配置维度出发。⑧顾岳汶等（2019）基于产权经济学的分析框架研究认为，土地制度改革进一步明晰了土地要素的产权，并通过保障集体建设用地的权属盘活闲置资产，从而推动乡村产业发展，提高居民收入。⑨通过梳理可知，大多数学者认为农村土地制度改革的历史进程是渐进还权于民的过程。⑩

目前，我国土地产权改革实践的成功模式可谓不一而足，许多创新做法在实践发展中取得了巨大成功。以四川为例，向平等（2009）在全面分析四川农用地流转的现状和特点的基础上，总结了四川农用地流转存在土地转包、租赁

① 王宾，刘祥琪. 农村集体产权制度股份化改革的政策效果：北京证据［J］. 改革，2014（6）：138-147.

② 韩俊，张云华，王宾. 以还权于民为根本出发点推进农村集体产权制度改革——上海市闵行区调查报告［J］. 农村经营管理，2014（10）：20-23.

③ 张占耕. 农村集体产权制度改革的重点、路径与方向［J］. 区域经济评论，2016（3）：105-112.

④ 夏英，曲颂，袁崇法，等. 农村集体产权制度改革中的股权设置与管理分析——基于北京、上海、广东的调研［J］. 农业经济问题，2014，35（8）：40-44，111.

⑤ 宋洪远，高强. 农村集体产权制度改革轨迹及其困境摆脱［J］. 改革，2015（2）：108-114.

⑥ 廖炳光. 城乡中国阶段的土地制度往何处去？——刘守英教授著《土地制度与中国发展》评介［J］. 中国土地科学，2019，33（11）：98-104.

⑦ 吴晓燕. 动能转换：农村土地产权制度改革与乡村振兴［J］. 社会科学研究，2020（3）：59-68.

⑧ 唐溧，刘亚慧，董筱丹. 土地确权与市民下乡的创新性机制分析［J］. 福建农林大学学报（哲学社会科学版），2018，21（2）：1-5.

⑨ 顾岳汶，吕萍. 农村土地制度改革及乡村振兴发展研究——基于产权经济学的一个分析框架［J］. 经济问题探索，2019（9）：172-179.

⑩ 石宝峰，王瑞琪. 中国农村土地制度改革的历史进程、理论逻辑与未来路径［J］. 中州学刊，2023（10）：39-47.

经营、互换经营、土地股份合作、转让经营、代耕代种六种成功模式。① 许多学者进一步聚焦成都市农村产权制度改革"试验区"的典型案例②③，研究四川土地产权改革"还权赋能"的实践密码④⑤。其中就包括成都"温江模式"、龙泉驿区"龙华模式"和广汉市"三水模式"的集体产权改革模式⑥、邛崃"土地整理、要素积聚、治理创新、产业发展、社区重构"的集体土地流转模式⑦、崇州"农业共营制"的创新经营模式⑧以及蒲江县猕猴桃产业发展过程中出现的中新模式等⑨。此外，还有许多其他地区在农村土地产权改革方面的经验模式及做法值得研究与借鉴。如曹飞（2019）以中部地区河南为例的实证研究，提出土地制度改革的次序：以建立优化市场、政府、社会协同治理机制为先，在此基础上建立政府引导、多元参与体制，建立决策-执行-监督的相互制衡关系⑩；郭炜等（2019）基于广西玉林农村土地制度改革创新措施进行分析，提出其主要做法和内在规律。⑪ 还有部分学者通过严谨的实证分析，深入研究了我国农村土地转让权改革的深化及其对经济绩效的影响。基于中国人民大学2018年"千人百村"调查数据，丰雷等（2020）的研究证实，产权界定对经济绩效具有积极的促进作用。⑫ 付兆刚等（2020）的研究揭示，在制度安排下进行产权明晰，有助于遏制农村集体土地的产权价值流入公共领域，降

① 向平，李晓. 四川农用地流转的特点及模式研究［J］. 安徽农业科学，2009，37（31）：15460-15462.

② 孙超英. 城乡统筹中的农村产权制度重构：基于成都"试验区"的探索［M］. 成都：西南财经大学出版社，2015.

③ 严金明，王晨. 基于城乡统筹发展的土地管理制度改革创新模式评析与政策选择——以成都统筹城乡综合配套改革试验区为例［J］. 中国软科学，2011（7）：1-8.

④ 北京大学国家发展研究院综合课题组. 还权赋能——成都土地制度改革探索的调查研究［J］. 国际经济评论，2010（2）：54-92，5.

⑤ 姜晓萍，黄静. 还权赋能：治理制度转型的成都经验［J］. 公共行政评论，2011，4（6）：79-102，177.

⑥ 翟峰. 农村集体产权制度改革构建农村集体经济新机制——以四川省为例［J］. 资源与人居环境，2016（11）：6-9.

⑦ 邛崃市农村集体土地流转课题组. 以土地制度变革为主线的城市远郊新农村建设模式研究——四川邛崃市农村集体土地流转的实证分析［J］. 农村经济，2007（5）：24-29.

⑧ 罗必良. 农业共营制：新型农业经营体系的探索与启示［J］. 社会科学家，2015（5）：7-12.

⑨ 郭晓鸣，任永昌，廖祖君. 中新模式：现代农业发展的重要探索——基于四川蒲江县猕猴桃产业发展的实证分析［J］. 中国农村经济，2009（11）：17-24.

⑩ 曹飞. 城乡土地利用视角下的新型城镇化：制度桎梏与协同模式［J］. 经济体制改革，2019（2）：27-32.

⑪ 郭炜，林冬生. 传统农区农地制度改革的困境突破——基于广西玉林市的实证研究［J］. 农村经济，2019（6）：40-49.

⑫ 丰雷，胡依洁，蒋妍，等. 中国农村土地转让权改革的深化与突破——基于2018年"千人百村"调查的分析和建议［J］. 中国农村经济，2020（12）：2-21.

低土地征用、集体建设用地入市、宅基地确权的交易成本，提高农民及集体经济组织在土地权益方面的谈判能力，从而减轻农民土地权益受损的程度。[①]

1.2.2 农村土地利用效率研究

2017 年，党的十九大报告中提出实施乡村振兴战略之后，怎样实现农村土地高质量利用成为一个重点问题，而判断农村土地实现高质量利用的一个重要标准就是测算其土地利用效率。近年来，国内学者对此领域的研究可谓"百花齐放"。一方面，众多学者在对土地利用效率的测度方法上不断进行完善与创新，如杨奎等（2019）以 2009—2016 年我国 31 个省份（不包含港澳台地区）为研究对象，通过 Super-SBM 模型对农村土地利用结构效率的空间分布、时间差异和相关影响因素进行系统性分析，结果表明，2009—2016 年中国乡村土地利用结构效率整体处于中等水平，且呈现逐年上升态势。[②] 申成磊等（2011）运用数据包络分析建立农村土地利用效率评价模型，分别从技术效率、纯技术效率、规模效率三个方面进行评价分析，研究发现数据包络分析（Data Envelopment Analysis，DEA）能够突破主观因素的限制，有效地评价农村土地利用效率。[③] 樊鹏飞等（2018）将非期望产出引入 EBM 模型，以 268个城市为研究对象，测度了其土地利用效率。[④] 梁静晖等（2022）基于产业融合背景，构建农村土地多功能利用水平评价指标体系，以湖北省武汉市和荆门市三个不同类型的产业融合试点村为例，实证产业融合对农村土地多功能利用水平及其耦合协调度的影响。[⑤] 另一方面，诸多学者研究分析了影响农村土地利用效率的相关因素。如刘涛等（2008）、薛凤蕊等（2011）、汪文雄等（2015）先后研究了土地整治对农村土地利用效率的影响，发现农村土地在细碎化和闲置撂荒状态下对土地利用效率产生负向影响[⑥]，通过土地流转和土地

---

① 付兆刚，许抄军，杨少文. 新制度经济学视阈下农地改革与乡村振兴战略互动研究 [J]. 农业经济与管理，2020（5）：16—28.

② 杨奎，张宇，赵小凤，等. 乡村土地利用结构效率时空特征及影响因素 [J]. 地理科学进展，2019（9）：10.

③ 申成磊，李满春，李飞雪，等. 基于数据包络分析的分水镇农村土地利用效率评价 [J]. 中国土地科学，2011，25（1）：6.

④ 樊鹏飞，冯淑怡，苏敏，等. 基于非期望产出的不同职能城市土地利用效率分异及驱动因素探究 [J]. 资源科学，2018，40（5）：946—957.

⑤ 梁静晖，杨钢桥，黄丹，等. 产业融合背景下农村土地多功能利用水平及耦合协调度 [J]. 水土保持研究，2022，29（3）：244—252.

⑥ 刘涛，曲福田，金晶，等. 土地细碎化、土地流转对农户土地利用效率的影响 [J]. 资源科学，2008，30（10）：1511—1516.

整治的方式可以实现土地高质量利用①，并且农户主导模式下的农地整治项目对土地利用效率的提升作用更大②。李娟等（2010）、戴永吉等（2019）、桂华（2017）通过城镇化视角研究其对农村土地利用效率的影响③，结果表明半城市化并未影响土地资源的有效配置，即农村人口的减少并没有带来土地利用效率的提高④，提高土地利用效率的关键是构建与城镇化进程相适应的土地制度，城镇化程度越高，土地资源利用重新配置的动力越强⑤。张合林等（2020）和刘荣增等（2021）从城乡融合发展角度分析其对土地利用效率的影响，提出城乡融合发展与土地利用效率之间存在正向作用关系，土地集约节约利用也会促进城乡融合发展⑥；城乡产业结构、城乡基础设施和城乡要素流动在城乡融合发展影响土地利用效率过程中均表现为正向促进作用⑦。另外，还有学者研究表明，农业劳动力老龄化⑧⑨、技术进步、产业结构、国家农业政策、市场需求以及城镇建设⑩等因素均会对农村土地利用效率产生影响。

1.2.3　农村土地利用转型发展研究

乡村振兴战略的实施，使得农村土地利用与管理面临更多的挑战，国内许多学者从时空变迁差异维度对农村土地利用转型的发展进行了详尽研究。从时间变迁角度来看，赵杰等（2003）以北方农牧交错带典型生态示范村尧勒甸子村为例，研究人类活动因素对土地利用变化的作用，结果发现，1985 年以前

① 薛凤蕊，乔光华，苏日娜. 土地流转对农民收益的效果评价——基于 DID 模型分析 [J]. 中国农村观察，2011（2）：8.

② 汪文雄，朱欣，余利红，等. 不同模式下农地整治前后土地利用效率的比较研究 [J]. 自然资源学报，2015（7）：14.

③ 李娟，李建强，吉中贵，等. 基于超 DEA 模型的成都市城市土地利用效率评价 [J]. 资源与产业，2010（2）：40-45.

④ 戴永吉，王志锋. 半城市化对中国农村土地利用效率的影响——基于 CHIP 数据的实证分析 [J]. 中国土地科学，2019，33（10）：66-73.

⑤ 桂华. 城镇化进程中的农村土地低效利用与改进——基于武汉，上海等市郊农业政策的比较分析 [J]. 经济学家，2018（3）：7.

⑥ 张合林，王亚晨，刘颖. 城乡融合发展与土地资源利用效率 [J]. 财经科学，2020（10）：108-120.

⑦ 刘荣增，黄月霞，何春. 城乡高质量融合发展影响土地利用效率的作用机制与实证检验 [J]. 城市发展研究，2021，28（12）：128-136.

⑧ 邱俊杰，任倩，余劲. 农业劳动力老龄化，农业资本投入与土地利用效率——基于鲁豫皖三省固定农户跟踪调查 [J]. 资源科学，2019，41（11）：15.

⑨ 乔志霞，霍学喜. 农业劳动力老龄化对土地利用效率的影响 [J]. 华南农业大学学报：社会科学版，2017，16（5）：13.

⑩ 焦文静. 安徽省农业土地利用效率比较研究 [D]. 沈阳：东北大学，2011.

耕地面积扩大，草地面积减小，沙地面积持续增加；1985年以后土地利用结构逐渐趋向合理。① 从空间特点出发，张佰林等（2018）和苏康传等（2019）聚焦我国山区土地利用转型，剖析中国山区农村土地利用转型的特征和规律。研究表明，山区农村土地利用转型体现为从农业社会的耕地扩张和林地收缩转变为城镇化进程中的耕地收缩和林地恢复性增长②，揭示了山区人地关系的变化过程和机理，为丰富土地利用转型理论及实施乡村振兴战略提供参考和案例支持③。

部分学者聚焦农村土地利用转型问题诊断与调控途径的研究，通过解析区域人地耦合关系下的土地利用形态转型逻辑，系统阐释了区域土地利用转型的诊断分析路径。④ 如龙花楼等（2018）、戈大专等（2019）从土地转型与乡村振兴、乡村转型等层面展开融合研究，并提出政策建议。前者采用理论分析法和文献研究法，论述了土地利用转型的概念内涵，分别探讨了土地利用转型与乡村振兴之间的关系，认为不同的经济社会发展阶段对应不同的区域土地利用形态和土地利用转型阶段，由此必然带来特定的土地利用转型过程。⑤ 后者系统开展土地利用转型与乡村转型发展的耦合过程及互动机理研究，认为在城乡转型发展过程中，土地利用的转型发展和乡村的转型发展是乡村地域发展演变的重要特征，有利于揭示乡村演变的内在规律。⑥

此外，不少学者聚焦乡村发展与振兴目标，通过明晰土地利用与乡村发展的耦合关系，阐释新时代农村土地整治助推乡村振兴的逻辑路径与机制⑦，认为土地利用转型调控需要重塑土地权能体系，推进国土空间综合整治，健全土地利用转型管控体系⑧。如倪建伟（2011）以东部沿海 J 村为例，描述其土地利用方式的变迁历程，提出"土地出租"是在现有制度框架下，进行市场分

---

① 赵杰，赵士洞. 中国北方农牧交错带农村土地利用变化因子分析——以内蒙古尧勒甸子村为例 [J]. 农村生态环境，2003，19（3）：4.

② 张佰林，高江波，高阳，等. 中国山区农村土地利用转型解析 [J]. 地理学报，2018，73（3）：15.

③ 苏康传，杨庆媛，张佰林，等. 山区农村土地利用转型与小农经济变迁耦合机理 [J]. 地理研究，2019（2）：15.

④ 李灿. 区域土地利用转型诊断与调控的分析路径 [J]. 地理研究，2021，40（5）：14.

⑤ 龙花楼，屠爽爽. 土地利用转型与乡村振兴 [J]. 中国土地科学，2018，32（7）：1—6.

⑥ 戈大专，王介勇. 土地利用转型与乡村转型发展耦合研究进展及展望 [J]. 地理学报，2019，74（12）：13.

⑦ 乔陆印. 乡村振兴视域下农村土地整治的内涵重构与系统特征 [J]. 农业工程学报，2019，35（22）：58—65.

⑧ 龙花楼，陈坤秋. 基于土地系统科学的土地利用转型与城乡融合发展 [J]. 地理学报，2021，76（2）：295—309.

工、规避风险的农村土地利用方式的优化选择，也是一种让农民获得土地级差收益、分享工业化成果的有效途径。[①] 张茜茜等（2018）认为，在乡村建设中加快农村土地有序流转，适度规模经营农村土地，促进农村地区三产融合，对乡村土地利用转型具有重要意义。[②] 朱哲等（2023）关注乡村旅游高质量发展与农村土地利用转型之间相互依存、相互影响和彼此促进的耦合共生关系，认为其主要建立在目标价值导向趋同、要素功能互馈联动和耦合实践日益增多的基础上。[③]

1.2.4 农村土地利用的影响因素研究

我国坚持并落实最严格的耕地保护制度，严格划定并守住了18亿亩耕地保护红线，对于农村土地利用影响因素的研究自然是重点问题，许多学者就耕地撂荒问题的影响因素与内外原因[④]进行了科学、系统的分析。如杨军（2019）聚焦新型农业主体，研究发现无论地区经济发展如何，新型农业经营主体的技术效率提高是促使撂荒农地再利用的重要因素。[⑤] 郭贝贝等（2020）聚焦农户，研究表明农资投入是撂荒的主要影响因素，耕地细碎化是隐性撂荒的重要原因。[⑥] 从总体来看，沈水琴等（2020）利用耕地的投入产出比分析农户的决策选择，发现耕地撂荒与耕地单位经济效益、家庭务农人口数呈负相关关系；与土地细碎化程度、农户年龄、非农占比收入呈正相关关系。[⑦]

除此之外，国内学者对农村土地利用方面存在的问题矛盾和解决对策进行了深入研究。如李明贤（2001）通过分析土地制度效率的高低对经济增长起到的重要作用，认为我国农村土地存在农民农业经营短期行为严重、劳动力流动

① 倪建伟. 快速转型期农村土地利用方式的变迁——一个东部沿海村落的个案解析 [J]. 学术研究，2011（12）：4.

② 张茜茜，廖和平，杨伟等. 基于熵权 TOPSIS 模型的乡村土地利用转型评价研究——以重庆市渝北区为例 [J]. 西南大学学报（自然科学版），2018，40（10）：135－144.

③ 朱哲，巧巧. 乡村旅游高质量发展与土地利用转型耦合及政策创新 [J]. 社会科学家，2023（6）：41－47.

④ 张卓志. 川东北丘陵山区解决农村土地撂荒的对策建议——以平昌县为例 [J]. 四川农业科技，2020（10）：2.

⑤ 杨军. 新型农业经营主体的技术效率对撂荒农地再利用的影响——基于 2014—2018 年粤赣的调查数据 [J]. 农业技术经济，2019（12）：9.

⑥ 郭贝贝，方叶林，周寅康. 农户尺度的耕地撂荒影响因素及空间分异 [J]. 资源科学，2020，42（4）：107－120.

⑦ 沈水琴，李茂盛，任光梅，等. 耕地撂荒与成因分析——基于贵州省黎平县和锦屏县的数据 [J]. 农村经济与科技，2020，31（5）：4.

受到制约、土地经营的规模效益受限、土地资源浪费严重、乡村社会关系日益紧张等问题。[1] 左停（2021）和张毅（2003）通过对农村土地利用问题及其原因进行探究分析，发现由于农村事务外部主管部门的缺位与监督不足、内部主体组织的式微与治理能力缺乏、农村法治建设的滞后以及相关利益主体间责权利关系的模糊和失衡等，导致土地利用存在经营的短期化和分散化。[2][3] 梳理以上问题，可以将我国农村土地利用的问题总结为四大矛盾：农用土地的宏观稀缺与微观闲置的稀缺性矛盾、农用土地总量不足与微观剩余的供给矛盾、农地流转障碍与农地交易需求的交易矛盾、中央政府强化土地管制与地方政府放松土地管制的政策矛盾。[4] 部分学者从解决这些问题矛盾的对策着手研究，应用利益相关者分析、博弈均衡分析和实证案例分析等方法，探讨乡村振兴视域下土地利用各利益相关者的关系演变，认为应从优化管理体系和降低风险两个方面提高政策实施效率，达成各利益相关者间的最优博弈均衡[5]，提出必须完善土地利用规划体系、增加农用土地开发利用投入、优化农业用地结构、加强土地利用法制建设、建设土地利用动态监测网络等对策建议[6]。

1.2.5　四川农村土地利用研究

四川作为农业大省，实现农村土地高质量利用对于乡村振兴无疑是重中之重的任务。臧威霆等（1981）、张素兰（1999）、李宏等（2005）、高成凤等（2005）、王颖等（2006）从不同时期系统分析评价了四川省土地资源现状构成、利用特点及存在的问题，强调了提高土地生态经济系统功能，保持土地资源的可持续利用，并提出相应的土地开发利用对策，为四川省土地资源的持续

① 李明贤. 农村土地利用的制度经济学思考 [J]. 农业经济问题，2001（4）：26-28.

② 左停. 当前加强农村土地资源利用与管理的策略 [J]. 人民论坛，2021（10）：63-66.

③ 张毅. 农村土地利用中存在的问题和对策 [J]. 小城镇建设，2003（11）：60-61.

④ 罗静，曾菊新. 新农村建设中的农村土地利用矛盾与改革策略 [J]. 社会主义研究，2007（4）：4.

⑤ 张悦悦，李翠珍，周德，等. 乡村振兴视域下农村土地利用利益相关者分析 [J]. 自然资源学报，2020，35（5）：15.

⑥ 谢炳庚，李晓青. 湖南农村土地利用现状及对策初探 [J]. 经济地理，2001，21（6）：4.

利用管理与规划提供依据。①~⑤ 对农村土地利用现状和问题的分析研究，是制订土地规划及可持续利用对策的重要前提。许多学者运用定量分析的方法，建立土地集约利用评价指标体系为未来完善土地利用总体规划，以及制定土地利用相关政策提供科学依据。⑥ 如张碧等（2011）利用 Delphi 法、层次分析法（Analytic Hierarchy Process，AHP）、线性比例变换法、综合指数法等，建立了四川省土地可持续利用评价指标体系。⑦ 彭朝霞（2013）基于压力－状态－响应（Pressure－State－Response，PSR）模型对区域土地可持续利用评价进行了详尽阐述，并以成都市为研究区域进行了深入的实证研究。⑧ 刘晋希（2017）从资源、环境、经济、社会四个方面构建土地可持续利用评价模型，借助综合评价法与 GIS 技术分析四川省土地可持续利用时空特征。⑨ 孙艳玲等（2009）构建评价四川省农业可持续发展水平的评价指标，并使用 DEA 方法对四川农业发展的可持续性进行分析评价，揭示四川农业发展存在的问题，并提出增强四川农业可持续发展能力的有关对策和建议。⑩

此外，不少学者基于其他角度对四川省农村土地利用进行了详尽研究。从生态经济效益等出发，彭文甫等（2014）和景勇等（2021）基于能源消费数据和土地利用数据，通过构建碳排放模型等，对四川省不同研究区域土地利用的碳排放及碳足迹进行了定量分析⑪，认为节能减排的重点任务是发展低碳节能

① 臧威霆，朱国金. 四川省土地合理利用问题的初步研究 [J]. 自然资源，1981 (2)：22－30.

② 张素兰. 四川省土地资源优化配置及其可持续利用 [J]. 西南农业学报，1999 (S1)：81－86.

③ 李宏，邓良基，张世熔，等. 对新一轮土地利用规划的几点思考——以四川省为例 [J]. 资源开发与市场，2005 (2)：107－110.

④ 高成凤，张素兰，王昌全. 四川省土地资源系统辨识及可持续利用对策研究 [J]. 西南农业大学学报（自然科学版），2005 (6)：922－926.

⑤ 王颖，邓良基. 四川省土地利用数量结构分析及土地可持续利用研究 [J]. 四川农业大学学报，2006，24 (2)：7.

⑥ 雷波，胡玉福. 农用地集约利用评价研究以四川通江为例 [J]. 资源与人居环境，2017 (8)：6－9.

⑦ 张碧，高成凤，张素兰，等. 四川土地可持续利用评价指标体系与实证研究 [J]. 西南农业学报，2011，24 (1)：171－177.

⑧ 彭朝霞. 基于 PSR 模型的区域土地可持续利用评价研究——以成都为例 [J]. 农村经济与科技，2013，24 (10)：80－82.

⑨ 刘晋希. 基于综合评价的土地可持续利用时空特征分析——以四川省为例 [J]. 内江师范学院学报，2017，32 (6)：71－76.

⑩ 孙艳玲，黎明. 基于数据包络分析的四川农业可持续发展研究 [J]. 科技进步与对策，2009，26 (2)：4.

⑪ 彭文甫，周介铭，杨存建，等. 基于土地利用变化的四川省生态系统服务价值研究 [J]. 长江流域资源与环境，2014，23 (7)：1053－1062.

经济，继续实施退耕还林还草和封山育林政策，提高化石能源利用效率。[①] 樊文杰等（2022）进一步通过 CLUE-S 模型模拟四川省 2030 年的土地利用数据，计算了各情景下相应的生态服务价值量和经济效益，结果表明，生态用地中林地和水域的增加主要分布在攀西地区，建设用地的增加也主要分布在攀西地区，研究结果对四川省未来的土地规划管理提供了参考。[②] 从土地利用与区域发展的耦合协调来看，马历等（2017）通过探讨 1992—2013 年四川省农村区域发展与土地利用之间的协调发展状况，发现四川省区域发展系统与土地利用系统已达到优质协调发展水平，两系统的协调发展程度呈倒"U"形。[③] 欧定华等（2021）基于土地利用及其功能的时空异质性和动态耦合性，建立了一种国土空间分类体系构建方法，并以四川省邛崃市为例，开展了县域国土空间分类体系构建及其与土地利用分类体系的关系研究。[④] 张悦等（2022）利用四川省土地利用和农村经济统计数据，分析了土地利用转型与农业生产结构调整的特征及网络关联性。[⑤] 同时，还有学者通过量化土地利用功能，明确了土地多功能性的空间分异特征，揭示了土地功能与地形要素之间的地理空间过渡性关联。[⑥]

1.3　农村土地资源及利用概况

土地资源是指"能为人类提供生产和生活所需物质与能量的被利用的土地。如耕地、林地、牧地、捕捞养殖水面等，是自然地理诸要素与人类活动综合作用的产物"[⑦]，包括目前已经被利用的土地与具有未来可利用性的土地，二者称为土地资源。土地资源既属于自然范畴，即拥有的自然属性；也属于经

---

① 景勇，左玲丽，彭文甫. 四川盆地西北部土地利用碳排放时空变化分析：以绵阳市为例 [J]. 环境科学与技术，2021，44（6）：172-185.

② 樊文杰，戴晓爱，谢一茹，等. 利用 CLUE-S 模型对四川省未来 10 年土地利用变化的预测与分析 [J]. 科学技术与工程，2022，22（7）：2641-2647.

③ 马历，唐宏，匡玥. 四川省农村区域发展与土地利用协调发展研究 [J]. 湖北农业科学，2017，56（7）：6.

④ 欧定华，张琪，秦景，等. 基于土地利用与其功能动态耦合性的县域国土空间分类体系构建 [J]. 农业工程学报，2021，37（24）：284-296.

⑤ 张悦，邓伟，张少尧. 土地利用转型与农业生产结构调整的网络关联性研究——以四川省为例 [J]. 农业现代化研究，2022，43（3）：379-389.

⑥ 王占韵，邓伟，张少尧，等. 山区土地多功能性与过渡性地理空间关联分析——以长宁县为例 [J]. 地理科学，2022，42（6）：1091-1101.

⑦ 邓绶林. 地学辞典 [M]. 石家庄：河北教育出版社，1992.

济范畴,即拥有的社会属性;还属于农业生产劳动者中的劳动资料与劳动对象,即生产资料。本节重点对我国及四川农村土地资源和利用情况进行简要概括,为本书研究提供现实依据。

1.3.1　我国农村土地资源及土地利用现状

我国农村土地资源整体呈现以下特征:

第一,整体基数大,人均占有量少。这不仅表现在我国拥有的土地资源方面,在农业用地方面同样有所体现。首先,我国以约 960 万平方千米的领土面积位居世界第 3,国家土地整体基数富余,但从人均土地占有资源来看,领土面积人均值在世界排名前 12 位的国家中,我国仅居第 11 位[①]。其次,根据世界银行数据库数据显示(表 1-1),我国虽然在农业用地面积方面常年领先了其他国家,但是从农村人均土地面积数据来看,我国与澳大利亚、美国、俄罗斯等农业强国相比相对较小。

表 1-1　2017—2021 年中国与部分国家农业相关数据统计

国家	类别	2017 年	2018 年	2019 年	2020 年	2021 年
中国	农业用地总面积(万平方千米)	522.199	521.447	520.695	520.695	520.695
	农村人口(万人)	58696.9	57299.9	55876.2	54428.9	52946.6
	农村人均土地面积(km²/人)	0.0089	0.0091	0.0093	0.0096	0.0098
俄罗斯	农业用地总面积(万平方千米)	215.494	215.494	215.494	215.494	215.494
	农村人口(万人)	3735.2	3717.4	3696.4	3666.9	3628.2
	农村人均土地面积(km²/人)	0.0577	0.0580	0.0583	0.0588	0.0594
美国	农业用地总面积(万平方千米)	405.810	405.810	405.810	405.810	405.810
	农村人口(万人)	5833.3	5799.4	5759.2	5747.4	5687.0
	农村人均土地面积(km²/人)	0.0696	0.0700	0.0705	0.0706	0.0714
澳大利亚	农业用地总面积(万平方千米)	371.837	358.895	362.477	355.775	363.519
	农村人口(万人)	346.7	349.2	351.5	352.9	350.3
	农村人均土地面积(km²/人)	1.0725	1.0278	1.0312	1.0081	1.0377

数据来源:世界银行数据库。

第二,土地利用类型丰富,耕地占比较小。我国地形地貌复杂多样,5 种

[①]　数据来源于中国政府官网。

基本陆地地形类型在我国均有分布，高原占 33.3%、山岭占 26.04%、平原占 18.75%、丘陵占 9.9%、盆地占 11.98%。《中华人民共和国土地管理法》依据土地用途，将土地分为农用地、建设用地和未利用地三类。《土地利用现状分类》标准中将农业用地细分为耕地、园地、林地、草地、其他土地等，契合了农、林、牧、渔等多种经营模式的特点。《中国统计年鉴》与第三次全国国土调查数据显示（表 1—2），伴随建设用地与其他农业用地的扩张，2017—2022 年我国耕地面积减少了 1.095 亿亩[①]，但农业用地总面积有所增长。截至 2022 年，我国农业用地面积共增长了 50.7 万平方千米，主要是由于城镇化与工业化发展水平的不断提高，加上自然气候与退耕还林还草政策等因素的综合影响。值得关注的是，我国耕地面积占比已从 2017 年的 20.92% 下滑至 2022 年的 18.35%，耕地占比较低仍然是我国农业土地利用的一个基本特征。

表 1—2　2017—2022 年中国农业土地类型统计数据（万平方千米）

年份	耕地	园地	林地	牧草地	其他农用地	总面积	耕地占比（%）
2017	134.9	14.2	252.8	219.3	23.6	644.8	20.92
2018	134.9	14.2	252.8	219.3	23.6	644.8	20.92
2019	127.9	20.2	284.1	264.5	—	696.7	18.36
2020	127.4	20.3	284.1	264.4	—	696.2	18.30
2021	127.5	20.3	283.5	264.5	—	695.8	18.32
2022	127.6	20.1	283.5	264.3	—	695.5	18.35

数据来源：自然资源部国土调查成果共享应用服务平台（2017 年、2018 年与 2022 年数据来自《中国统计年鉴》，由于土地分类标准的调整和更新，2019 年后其他农用地分类不再存在）。

第三，土地资源类型具有差异性，地区之间土地生产力具有明显不同。首先，不容忽视的是农村土地资源开发利用是一个长期且复杂的历史过程，中国历经几千年的王朝更迭，造就现有农村土地利用的地域差异。其次，不同地域间农村土地生产力差异也受土壤类型的影响。中国科学院资源环境科学数据中心采用传统的"土壤发生分类"系统，将我国土壤类型共分为 12 土纲、61 个土类、227 个亚类，绘制成土壤类型分布图，基本覆盖了全国各种类型土壤及其主要属性特征。例如，我国东北平原以黑土地闻名，盛产小麦、玉米、大豆、亚麻、甜菜等农作物；华北平原大多是褐土，土层深厚，农作物有小麦、

---

① 亩是中国市制土地面积单位，1 亩约为 666.67 平方米。

玉米、棉花、花生，水果有苹果、梨、葡萄、柿子等；四川盆地多为紫色土，主产水稻、油菜、甘蔗、茶叶和柑橘、柚子等农作物；长江中下游平原土壤主要由红黄壤和水稻土构成，水稻、柑橘、油菜、蚕豆和淡水鱼等农作物丰富，有中国"鱼米之乡"的美称。

第四，土地利用类型具有很强的地域性，需要注重保护与可持续利用。我国土地利用类型分布受到地形的三级阶梯的重要影响，根据中国科学院资源环境科学数据中心发布的 2015 年与 2020 年我国土地利用类型空间分布图，我国土地利用类型分布与地形三级阶梯相似，也呈现东强西弱的特点，可利用土地类型具有很强的地域性。农用地中，大部分耕地资源集中分布在中国东部季风区的平原地区，而草原资源多数分布在内蒙古高原的东部、新疆天山南北坡等区域。另外，由于土地资源分布不均，不同地区对土地资源的利用与保护也呈现不同的特点。党的十八大以来，党和国家高度重视不同地区的耕地保护与高标准农田建设问题，在耕地丰富的平原地区实现集中连片的综合管理，大型农机与现代化农业设施更有利于提高耕地的利用率，实现优质耕地与生态环境的保护利用；而山地丘陵地区多为梯田，需要通过不同的社会化服务组织的高效协同来提高小农的耕地利用率。

1.3.2 四川农村土地资源及土地利用现状

四川省辖区面积 4861.16 万公顷①，居全国第 5 位，西部第 4 位，其中耕地面积居全国第 6 位、西部第 1 位。四川整体地貌复杂多样，有山地、丘陵、平原和高原 4 种地貌类型，分别占全省面积的 77.1%、12.9%、5.3%、4.7%。据全国第二次土壤普查结果显示，四川省拥有的土壤类型丰富，包括 25 个土壤种类、63 个土壤亚类、137 个土属、380 个土种，其中土壤种类和土壤亚类数分别占全国土壤总数的 43.48% 和 32.60%。四川省土地利用类型共有 8 个一级利用类型、45 个二级利用类型和 62 个三级利用类型，除个别特殊利用类型外，四川涵盖的农村土地利用类型在全国范围内均具有代表性。

根据自然资源部开展的第二次与第三次全国土地调查数据显示（表 1-3），四川省土地资源利用类型主要分为农用地与建设用地，2015—2022 年，农用地面积与建设用地面积平均占有率分别约为 93% 与 7%。2022 年数据显示，四川农业用地面积共 4146.7 万公顷，其中林地占比最高，为 61.3%，集中分布于盆周山地及西部高山高原地区；耕地资源集中分布于东部盆地和低山丘陵

---

① 公顷是公制地积单位，1 公顷为 0.01 平方千米。

区，共 521.0 万公顷，占四川农用地总面积的 12.6%。此外，2022 年部分涉及农村土地资源的还有城镇村及独立工矿用地、交通运输用地、水域水利设施用地，共 349.1 万公顷。

表 1-3　2015—2022 年四川土地利用统计数据（万公顷）

土地类型	一级分类	2015年	2016年	2017年	2018年	2019年	2020年	2021年	2022年
农用地	耕地	673.1	673.3	672.5	672.5	552.7	518.2	519.5	521.0
	园地	73.2	73.0	72.7	72.7	120.3	124.3	123.2	121.4
	林地	2215.9	2215.3	2328.3	2454.5	2542.0	2542.6	2547.2	2543.5
	草地	1222.0	1221.5	1095.7	1095.7	968.8	968.1	960.8	960.8
	其他农用地	184.0	182.8	157.7	157.7	——	——	——	——
	合计	4368.2	4365.9	4326.9	4453.1	4183.8	4153.2	4150.7	4146.7
建设用地	城镇村及独立工矿用地	152.4	154.1	158.1	165.3	184.1	186.5	185.9	186.2
	交通运输用地	35.3	35.7	38.4	41.6	47.4	49.0	51.5	54.2
	水域水利设施用地	103.0	103.2	103.8	104.5	105.3	106.2	108.0	108.7
	合计	290.7	293.0	300.4	311.5	336.8	341.6	345.4	349.1

数据来源：自然资源部国土调查成果共享应用服务平台（2017 年、2018 年与 2022 年数据来自《中国统计年鉴》，部分缺失数据采用插值法补齐）。

党的十八大以来，全国范围只有辽宁、吉林、黑龙江与新疆、内蒙古等少数地区的耕地面积在增加。从 2012—2022 年耕地面积减少绝对值来看，四川耕地面积在 2012—2016 年基本维持在 673 万公顷，2017—2019 年耕地减少了 22.3%，随后又保持在 520 万公顷，并有小幅度波动，共计减少了 152.2 万公顷，四川耕地面积占全国比重排名从全国第 6 位变为全国第 10 位。与此相反，四川建设用地面积呈逐年增加的态势，实际增长率为 23.4%。原因在于城镇化发展建设需求的大幅增加与农业生产边际效应的递减。首先，城镇化发展水平不断提高导致的城乡环境改善建设与农村公共基础设施建设需求进一步提升，造成城市周边大量耕地被占用。其次，农业生产效益不平衡形成的耕地"非农化""非粮化"现象，随着现代农业的快速发展，传统的农业生产方式与模式使得粮食生产带来的边际效益不断降低，诸多农业生产经营主体逐渐向高收益的林木花卉产业转变，间接导致耕地资源减少与林园地增加。加之受到自然灾害、保护不当、退耕还林政策等的影响，造成四川耕地与草地资源减少、林园地与建设用地增加，这从 2017—2019 年土地利用数据可以明显看出（图 1-1），其中耕地与草地面积分别减少了 149.8 万公顷、126.9 万公顷，林地、园地与建设用地面积分别增加了 213.7 万公顷、47.6 万公顷、36.4 万公顷。

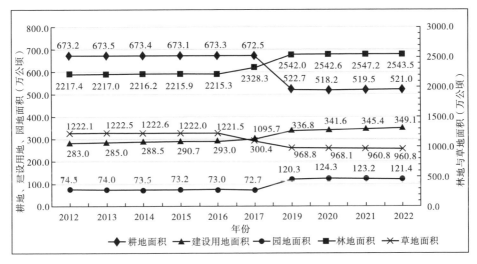

图 1-1　2012—2022 年四川土地利用面积变化趋势

数据来源：自然资源部国土调查成果共享应用服务平台（第二次与第三次全国国土调查数据）。

1.3.3　四川农村土地投入与产出变化趋势

农村土地的投入和产出是影响土地资源高质量利用的关键因素。本书将农村土地投入定义为农村生产经营主体在经营自身土地时所投入的物质、劳动力等生产资料，相应的"农村土地产出"定义为农村生产经营主体通过生产经营所产生的各项效益，以下根据相关数据资料对四川农村土地投入变化与产出变化进行分析。

1. 四川农村土地投入变化（2012—2021 年）

党的十八大以来，四川农村土地投入指标呈现不同变化，本书借鉴相关研究，将农村土地投入指标分为劳动力投入、机械投入、土地投入与农资投入[①]。

一是关于四川农村土地的劳动力投入（图 1-2），可以通过第一产业就业

---

① 罗玉波，朱晨曦，王春云. 基于共同前沿理论的中国农业绿色全要素生产率测度及"追赶"效应解析［J］. 农林经济管理学报，2024（1）：1-12.

人数（万人）的变化明显看出，从 2012 年开始逐年下滑，十年内减幅达 32.2%，其原因在于城乡二元经济条件下农村剩余劳动力持续向城市转移。

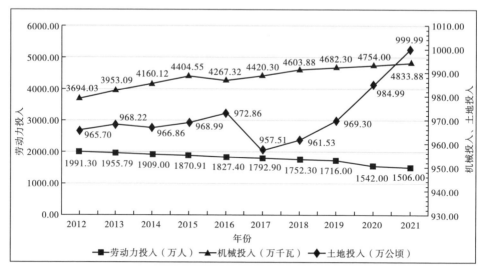

图 1-2　2012—2021 年四川农村土地、劳动力、机械投入变化趋势

数据来源：2012—2022 年《中国统计年鉴》《中国农村统计年鉴》《四川统计年鉴》。

二是关于四川农村土地的机械投入，主要通过农用机械总动力（万千瓦）来表示，由图 1-2 可以看出，2012 年以来整体呈上升趋势，这是因为从 2012 年开始，四川持续加大对农业的扶持力度，农业机械化水平持续提高。以四川主要农作物耕种收综合机械化水平为例，从 2012 年规划达到 40% 的目标到 2023 年实现 67% 的飞跃，截至 2023 年，四川农业机械化作业面积已超过 1.4 亿亩。

三是关于四川农村土地的土地投入，通过农作物播种面积（万公顷）来表示，值得注意的是，2012—2016 年四川农作物播种面积波动不大；2016—2017 年四川农作物播种面积减少了 15.35 万公顷；2017 年之后一直呈上升趋势，五年内共计增加了 42.48 万公顷，增长 4.4%。2017 年，习近平总书记在党的十九大报告中首次提出"乡村振兴"战略，进一步强调了优先发展农村的重要性，自此全国开始进一步提高对农村资源的倾斜。同年，四川省人民政府办公厅发布《关于加快推进现代农业产业融合示范园区建设的意见》，提出要"以提高农业质量效益和竞争力为中心任务，以培育壮大新型经营主体、推进农村一二三产业融合为重点，立足优势特色产业，建设规模化种养基地，发展产业化龙头企业，形成现代农业产业集群，构建集生产、加工、收储、物流、销售于一体的农业全产业链"。四川农作物播种面积自此得到飞速发展。

　　四是关于农村土地投入中的农资投入，这也是涉及农业生产最重要的部分之一，其中主要包含农用化肥、农药、农用柴油与农用薄膜的使用。由图1-3可知，农用薄膜与农用柴油的使用量呈小幅波动，变化不明显。变化波动较大的是农村土地投入使用的农用化肥与农药，2012—2021年分别减少了17.6%、32.0%，且均在2016年后开始大幅降低。这是由于党的十八大以来，党和国家不断强调对农业面源污染的治理，习近平总书记多次强调贯彻"绿水青山就是金山银山"理念，指出"农业发展不仅要杜绝生态环境欠新账，而且要逐步还旧账，要打好农业面源污染治理攻坚战"。2015年的中央一号文件重点就"加强农业生态治理"作出相应部署，视农业面源污染治理作为促进我国农业可持续发展的重要抓手。随后，四川省人民政府于2015年、2016年先后发布了《关于加快转变农业发展方式的实施意见》《关于印发土壤污染防治行动计划四川省工作方案的通知》等一系列文件，提出开展农用地土壤污染详查与风险防控，实施农药化肥零增长行动；坚持以改善土壤环境质量为核心，以保障农产品质量和人居环境安全为出发点，严控新增污染、逐步减少存量，形成政府主导、企业担责、公众参与、社会监督的土壤污染防治体系，筑牢长江上游生态保护屏障，为实现"两个跨越"，建设美丽四川提供良好的土壤环境保障。

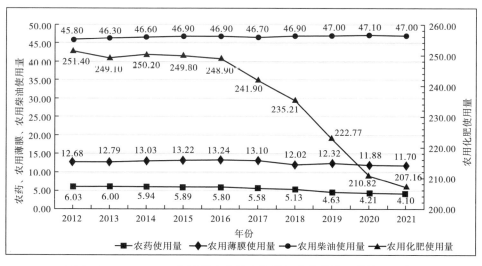

图1-3　2012—2021年四川省土地农资投入变化趋势（单位：万吨）

数据来源：2012—2022年《中国统计年鉴》《中国农村统计年鉴》《四川统计年鉴》。

　　党的十九大报告提出，要做好农业农村生态环境保护工作，打好农业面源污染防治攻坚战，全面推进农业绿色发展。四川积极落实相关政策要求，努力提高农户绿色生产理念，通过有机肥替代化肥、病虫害统防统治与绿色防控等措施对传统农业进行改革，有效抑制了农业生产中的化学污染。2017 年，四川率先在全国范围内实现了化肥农药"零增长"，更是在随后的几年内不断减少化学制品的使用，其中以农用化肥减少最多，五年内减少了 16.8%。

2. 四川农村土地产出变化（2012—2021 年）

本书通过第一产业产值（亿元）、农村居民人均经营纯收入（元）与主要农产品产量（万吨）等相关数据来表示四川农村土地产出变化（图 1-4）。总体来看，四川省自 2012 年以来的农村土地产出水平整体向好，其原因在于全省农业农村改革成效的逐步显现，科技兴农水平稳步提高，农业生产结构优化等。

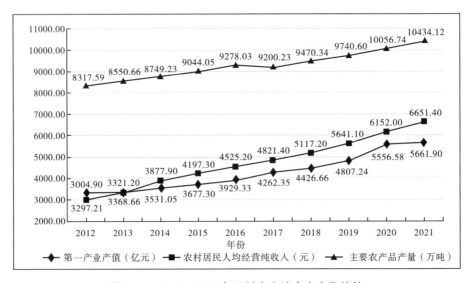

图 1-4 2012—2021 年四川省土地产出变化趋势

数据来源：2012—2022 年《中国统计年鉴》《中国农村统计年鉴》《四川统计年鉴》

（1）第一产业产值一直以来呈稳步上升趋势，四川农林牧渔业总产值从 2012 年的 3004.90 亿元增长至 2021 年的 5661.90 亿元，十年间共增长 2657.00 亿元，增长率为 88.4%。特别是农林牧渔总产值从 2017 年开始进入了一个快速增长阶段，直到 2020 年受新冠疫情影响逐渐放缓。

（2）关于四川农村居民人均经营纯收入，数据显示在 2012—2021 年其增长了 101.7%，农村居民收入得以成倍增长，得益于党的十八大以来国家顶层设计的政策导向。从 2012 年以来连续聚焦"三农问题"发布中央一号文件不难看出党和国家对于解决"三农问题"的毅力与决心，四川省也制定了配套政策。通过四川农村居民人均经营纯收入增长数据可以看出，以 2016 年作为分界点，将 2012—2016 年与 2017—2021 年分别作为第一阶段与第二阶段，其各自增长率分别为 37.2% 与 40.0%。

（3）最能体现农村土地产出的一组数据为主要农产品产量，这不仅直接体现农民每年的生产经营情况，也侧面反映了农业综合生产水平是否落实政策要求。根据历年的中国农村统计年鉴数据分析，党的十八大以来，四川一直是国内重要农产品供给地，从 2012 年的 8317.59 万吨增长至 2021 年的 10434.12 万吨，总计增长 2116.53 万吨，实际增长率超过 25%，以 2016—2017 年作为"分水岭"，前后均呈现一个快速增长的稳定发展空间，其中 2017—2021 年与 2012—2016 年的增长率分别为 13.4%、11.5%，主要农产品供给能力稳步增强，农业生产经营水平明显提升。

1.3.4 四川省国土空间总体布局

四川农村土地发展重点围绕"十四五"规划和 2035 年远景目标纲要，立足成渝地区双城经济圈和"一干多支"发展战略，妥善处理在空间上保护和开发之间的关系，注重农村土地资源最低承载能力的同时，以西部保育培育、东部优化提升的国土空间开发保护战略，优化主体功能区布局，科学调整土地利用结构。2022 年，自然资源厅发布《四川省国土空间生态修复规划（2021—2035 年）》，提出力争未来 15 年，四川省将基本形成人与自然和谐共生的国土空间格局。2024 年 4 月，四川省人民政府正式发布《四川省国土空间规划（2021—2035 年）》（以下简称《规划》），以 2020 年为规划基期，着眼 2021—2035 年，远景展望到 2050 年，提出到 2035 年，主体功能明显、优势互补、高质量发展的国土空间开发保护新格局全面形成，人口经济与资源环境更加协调，国土空间治理体系和治理能力现代化水平全面提升，国土空间安全保障能力全面增强，服务国家全局的国土空间支撑更加有力。国家粮食安全战略基地和新时代更高水平的"天府粮仓"地位作用进一步彰显。这是未来十多年四川农村土地发展的核心"空间蓝图"与"指导说明"。

党的二十大报告提出，构建优势互补、高质量发展的区域经济布局和国土空间体系。贯彻落实党的二十大精神，四川省委十二届二次全会中明确提出"五区共兴"的区域发展战略。《规划》提出推动五大片区突出特色、协同共兴：成都平原经济区、川南经济区和川东北经济区以优化提升为重点，按照"优化布局、突出重点"要求对各类空间进行统筹整合，为高质量发展提供空间载体；川西北生态示范区和攀西经济区以生态保育培育为重点，按照"面上保育、点上培育"要求，走"守护＋展示"新型发展道路（表 1-4）。

表1-4 2021-2035年四川区域发展战略要点

区域及发展方向	经济区	区域发展战略	片区主体功能发展方向
东部：优化布局、保护重点	成都平原经济区	协调好耕地保护和城镇化聚集发展的空间关系；推动全域一体化发展	严格保护平原地区集中连片的现状优质耕地，全面加强对西部龙门山区的生态保护保育，大幅提高城镇建设用地节约集约水平。按照内圈同城化、全域一体化的思路加快建设成都都市圈，推动成都、德阳、眉山、资阳四市实现同城化，增强辐射带动全省经济社会快速健康发展的能力。推动绵阳全面建设川北省域经济副中心，提升乐山区域中心城市发展能级
	川南经济区	促进水土资源有效平衡。严格保护重点生态区域。整合城镇发展空间，积极培育新兴增长极	严格保护现状优质耕地，积极开发耕地后备资源。强化对重要流域生态廊道和重点生态斑块的保护。与重庆共建川南渝西融合发展试验区，推动川南经济区全面融入"一带一路"建设和长江经济带发展。全面建设省域经济副中心：优化城市功能布局，提高内江、自贡同城化水平，推动川南经济区跨越发展，建成南向开放重要门户和川渝滇黔结合部区域经济中心，打造四川省第二经济增长极
	川东北经济区	全面提高片区耕地产出效率；保护生态功能；分层组织、相互协调的城镇空间；聚焦强化川东北与渝东北一体化发展	严格保护现状优质耕地，积极开发耕地后备资源，加大水资源配置工程建设力度。强化对大巴山、米仓山等盆周生态功能区的严格保护。按照"南北差异、重点集聚、轴带提升、整体振兴"的思路优化城镇空间。打造万达开川渝统筹发展示范区；打造成南达万沿线经济走廊；推动南充—达州组团全面建设省域经济副中心；建设四川省东向和北向的出川综合交通枢纽、川渝陕甘结合部的区域经济中心
西部：面上保育、点上培育	攀西经济区	严格保护现状优质耕地与积极开发耕地后备资源，助力打造"天府第二粮仓"。落实转型升级、突出特色的城镇空间配置利用思路	着力推动安宁河东西两翼山体生态保护修复工作，全面提高片区生态质量和生物多样性水平。统筹协调安宁河谷区域城市化发展和农产品生产功能，以中部地区为主优化城镇体系，重点提高攀枝花、西昌中心城市功能品质增强综合承载能力。依托本地生态、能源矿产和民族文化等优势资源，加快建设国家战略资源创新开发试验区、重要的清洁能源基地，着力培育现代农业示范基地，全面提高阳光康养旅游目的地的影响力
	川西北生态示范区	生态示范区功能定位，构建以生态功能为主、兼顾农牧业功能的空间布局。坚持"两山转化、绿色示范"发展，大力发展生态经济持续完善特色生态文化旅游功能	严格保护各类生态空间，加强若尔盖湿地等生态功能重要区域的生态保护修复，全面提升片区生态服务功能，统筹协调生态保护和农牧业生产。严格控制城镇化工业化开发重点提高县城和特色小城镇承载能力。支持打造民族团结进步示范区、生态文明建设示范区、全域旅游示范区、生态文化旅游目的地、现代高原特色农牧业基地、重要清洁能源基地

资料来源：《四川省国土空间规划（2021-2035）》。

1.4 农村土地利用政策演进

我国农村土地政策先后经历了土地改革的探索与实施（1921—1953 年）、合作化时期土地公有制探索与实施（1953—1978 年）、改革开放新阶段制度创新（1978—2012 年）与新时代农村土地制度改革（2012 年至今）几个阶段。本书重点整理了党的十八大以来农村土地政策的演进要点。

1.4.1 我国农村土地利用政策演进

党的十八大以来，历年中央一号文件就有序推进农村土地管理制度改革和耕地保护提出了具体的指导意见与措施（表 1—5）。2012 年中央一号文件《中共中央 国务院关于加快推进农业科技创新持续增强农产品供给保障能力的若干意见》提出，稳定和完善农村土地政策，加快修改完善相关法律，健全严格规范的农村土地管理制度，自此开启我国农村土地制度改革的新阶段。同年，《国土资源部关于严格土地利用总体规划实施管理的通知》提出，要严格依据规划划定和保护基本农田，强化建设用地空间管制，严格土地利用总体规划实施；2013 年，《国土资源部办公厅关于建立土地利用动态巡查制度加强建设用地供后开发利用全程监管的通知》重点提出要切实落实土地利用动态巡查制度；2014 年，国土资源部印发《节约集约利用土地规定》，进一步强调坚持贯彻十分珍惜、合理利用土地和切实保护耕地的基本国策，落实最严格的耕地保护制度和最严格的节约集约用地制度。2016 年，《中共中央 国务院关于落实发展新理念加快农业现代化实现全面小康目标的若干意见》提出，把休闲农业和乡村旅游项目建设用地纳入土地利用的总体规划和年度计划进行合理安排；加快编制村级土地利用规划。2017 年中央一号文件《中共中央 国务院关于深入推进农业供给侧结构性改革加快培育农业农村发展新动能的若干意见》提出，探索建立农业农村发展用地保障机制；加快编制村级土地利用规划；完善农业用地政策；改进耕地占补平衡管理办法，严格落实耕地占补平衡责任。土地利用管理不断收紧，更加注重土地规划的统筹。2017 年，党的十九大报告首次提出实施乡村振兴战略。2018 年中央一号文件《中共中央 国务院关于实施乡村振兴战略的意见》提出，系统总结农村土地征收、集体经营性建设用地入市、宅基地制度改革试点经验，逐步扩大试点，农村土地利用政策逐渐与乡村振兴密不可分。2019 年中央一号文件《中共中央 国务院关于坚持农业农村优先发展做好"三农"工作的若干意见》提出，强化乡村规划引领；按照先规划后建设的原则，通盘考虑土地利用、产业发展、居民点建设、人居环境整治、生态保护和历史文化传承，注重保持乡土风貌，编制多规合一的实用性村庄规划。农村土地管理政策开始重点强调耕地保护的重要性。2019 年，《中共中央　国务院关于进一步加强土地管理切实保护耕地的通知》明确，切实保护耕地，合理利用土地资源，严格建设用地的审批管理。2020 年中央一号文件《中共中央　国务院关于抓好"三农"领域重点工作确保如期实现全面小康的意见》提出，坚守耕地和永久基本农田保护红线；完善乡村产业发展用地政策体系；强化农业设施用地监管；安排至少 5％新增建设用地指标保障乡村重点产业和项目用地。2015 年，《自然资源部关于 2020 年土地利用计划管理的通知》提出，坚持土地要素跟着项目走、节约集约用地和分类保障；落实国务院大督查奖励，继续实施"增存挂钩"。2021 年中央一号文件《中共中央　国务院关于全面推进乡村振兴加快农业农村现代化的意见》提出，严格实行土地用途管制；采取"长牙齿"的措施；实施新一轮高标准农田建设规划；加强和改进建设占用耕地占补平衡管理；加强耕地保护督察和执法监督，开展"十三五"时期省级政府耕地保护责任目标考核。2021 年《国务院关于印发"十四五"推进农业农村现代化规划的通知》中明确，落实最严格的耕地保护制度，加强耕地用途管制，实行永久基本农田特殊保护；改善撂荒地耕种条件，有序推进撂荒地利用；强化土地流转用途监管；提升耕地质量水平，实施国家黑土地保护工程。2022 年中央一号文件《中共中央　国务院关于做好 2022 年全面推进乡村振兴重点工作的意见》提出，落实"长牙齿"的耕地保护硬措施；实行耕地保护党政同责，严守 18 亿亩耕地红线；分类明确耕地用途，严格落实耕地利用优先序；落实和完善耕地占补平衡政策，建立补充耕地立项、实施、验收、管护全程监管机制。2023 年中央一号文件《中共中央　国务院关于做好 2023 年全面推进乡村振兴重点工作的意见》提出，加强耕地保护和用途管控；加大撂荒耕地利用力度；加强高标准农田建设；完成高标准农田新建和改造提升年度任务，重点补上土壤改良、农田灌排设施等短板，统筹推进高效节水灌溉，健全长效管护机制；制定逐步把永久基本农田全部建成高标准农田的实施方案。不难看出，国家着重对农村耕地保护与高标准农田建设提出了新的更高要求。

表 1-5　2012—2023 年中央一号文件核心要点

年份	文件名称	核心要点
2012	《中共中央　国务院关于加快推进农业科技创新持续增强农产品供给保障能力的若干意见》	加快推进农业科技创新
2013	《中共中央　国务院关于加快发展现代农业进一步增强农村发展活力的若干意见》	进一步增强农村发展活力
2014	《中共中央　国务院关于全面深化农村改革加快推进农业现代化的若干意见》	全面深化农村改革
2015	《中共中央　国务院关于加人改革创新力度加快农业现代化建设的若干意见》	农业现代化
2016	《中共中央　国务院关于落实发展新理念加快农业现代化实现全面小康目标的若干意见》	用发展新理念破解"三农"新难题
2017	《中共中央　国务院关于深入推进农业供给侧结构性改革　加快培育农业农村发展新动能的若干意见》	深入推进农业供给侧结构性改革
2018	《中共中央　国务院关于实施乡村振兴战略的意见》	对乡村振兴进行战略部署
2019	《中共中央　国务院关于坚持农业农村优先发展做好"三农"工作的若干意见》	优先发展做好"三农"工作
2020	《中共中央　国务院关于抓好"三农"领域重点工作确保如期实现全面小康的意见》	如期实现全面小康
2021	《中共中央　国务院关于全面推进乡村振兴加快农业农村现代化的意见》	全面推进乡村振兴、加快农业农村现代化
2022	《中共中央　国务院关于做好 2022 年全面推进乡村振兴重点工作的意见》	全面推进乡村振兴重点工作
2023	《中共中央　国务院关于做好 2023 年全面推进乡村振兴重点工作的意见》	加快建设农业强国

1.4.2　四川土地利用政策演进

　　四川作为我国的农业大省，拥有全国第五的人口数量与土地面积，历来高度重视土地的保护和合理利用，实施了一系列政策与措施确保耕地资源的安全与可持续发展，努力构建和谐的自然生态与经济社会发展空间。表 1-6 重点梳理了党的十八大以来四川农村土地利用相关政策要点。

表 1-6 党的十八大以来四川农村土地利用相关政策要点

发文部门	年份	政策文件	内容要点
四川省国土资源厅	2012	《四川省国土资源厅关于规范推进城乡建设用地增减挂钩试点促进产村相融新农村建设工作的通知》	坚持实施"增减挂钩"和"新村建设"试点
四川省人民政府	2014	《四川省高标准农田建设总体规划（2011—2020年)》	通过土地整治和基础设施建设，提高耕地质量和农业综合生产能力
四川省人民政府	2016	《四川省人民政府关于深入推进新型城镇化建设的实施意见》	深化土地管理制度改革，提高土地利用效率，保障城镇化建设用地；改革完善土地利用机制，规范推进城乡建设用地增减挂钩
四川省人民政府	2017	《四川省人民政府关于印发土壤污染防治行动计划四川省工作方案的通知》	科学配置土地资源，深化工业化、城镇化过程中土地资源配置与保护，鼓励工业企业集聚发展，提高土地节约集约利用水平
四川省国土资源厅、四川省发展和改革委员会	2018	《四川省土地整治规划（2016—2020)年》	开展土地整理复垦开发，推进工矿废弃地复垦，改善土地生态环境；通过土地整治优化城乡土地利用结构，支持农村新产业新业态发展
四川省人民政府	2018	《四川省创新体制机制推进农业绿色发展实施方案》	推进土地整治项目实施和验收，严格补充耕地检查验收制度；大力推进闲置土地绿化；落实沙化土地封禁保护修复制度
四川省自然资源厅	2020	《四川省自然资源厅 关于2020年土地利用计划管理的通知》	坚持土地要素跟着项目走原则，实施节约集约用地和分类保障
四川省自然资源厅	2020	《四川省自然资源厅 四川省农业农村厅关于做好全省农村村民住宅建设合理用地保障工作的通知》	坚决遏制新增农村乱占耕地建房行为；严格落实"一户一宅"；严格执行宅基地标准
四川省自然资源厅	2021	《关于严格规范永久基本农田占用调整和补划管理的通知》	禁止占用永久基本农田进行绿化、挖湖造景，严控种植非粮作物；重大建设项目占用永久基本农田需"数量不减、质量不降"，补划地块须与现有农田集中连片

发文部门	年份	政策文件	内容要点
四川省人民政府	2021	《四川省国民经济和社会发展第十四个五年规划和二〇三五远景目标纲要》	推进耕地指标和城乡建设用地指标在省级统筹下实现跨区域流转；强化土地利用全生命周期监管；健全低效用地盘活激励约束机制；探索土地用途兼容复合利用、点状供地等用地模式，适应新产业新业态用地需求
四川省自然资源厅	2022	《四川省自然资源厅关于探索用地新方式保障农村一二三产业融合发展用地的通知》	重点明确保障农村一二三产业融合发展用地范围，引导产业在园区、城镇开发边界内和农村聚居点外合理布局，强化乡村国土空间规划支撑作用
四川省人民政府	2023	《中共四川省委四川省人民政府关于做好 2023 年乡村振兴重点工作加快推进农业强省建设的意见》	深化农村土地制度改革。深化第二轮土地承包到期后再延长 30 年试点，开展解决农村土地细碎化问题试点
四川省自然资源厅、发展和改革委员会、经济和信息化厅、科技厅、商务厅、审计厅、统计局、经济合作局	2023	《关于加强开发区土地节约集约利用推动高质量发展的通知》	严格项目用地准入，完善土地供应方式，盘活土地资源与提升土地利用效率
四川省人民政府	2024	《四川省国土空间规划（2021—2035 年)》	开展农用地整理、建设用地整理和乡村生态保护修复，实现国土空间布局更优化、土地利用更集约、耕地分布更集中
四川省自然资源厅	2024	《四川省乡村振兴用地政策指引（2024 年)》	明确永久基本农田严禁占用情形、一般耕地"五不得"等 16 项禁止性规定，强化耕地保护与生态红线约束

第2章　理论基础和理论机制

2.1　理论基础

我国农村土地制度改革基于我国基本国情，以马克思主义为指导，在马克思产权理论、中国特色集体所有制理论与制度变迁理论综合指导下展开。

2.1.1　马克思产权理论

马克思是第一位系统阐述产权理论的社会学家，其产权理论体系包含一系列重要命题。

其一，马克思通过对商品市场和劳动力市场的交易行为分析，得出法权关系就是反映经济关系的意志关系，指出"法的关系或意志关系的内容是由这种经济关系本身决定的"[①]。而法律上的财产关系，本质上就是经济学研究的生产关系，所以产权的本质就是生产关系的法律表现。[②]

其二，生产资料所有制是生产关系的核心，产权是所有制关系中法的观念。所有制规定了人们在生产资料方面的占有关系，从宏观层面决定基本经济制度；产权制度则是所有制运行的具体规则，从微观层面决定人们在具体生产生活中的财产归属关系及收入分配关系。产权制度必须以一定的所有制关系为前提，所有制关系也要通过产权制度的安排来实现，二者相互依存、相辅相

---

① 中共中央马克思恩格斯列宁斯大林著作编译局. 马克思恩格斯文集（第5卷）[M]. 北京：人民出版社，2009：103.

② 吴易风. 马克思的产权理论与国有企业产权改革 [J]. 中国社会科学，1995（1）：4—24.

成，共同构成了生产关系的基础。

其三，产权和财产是历史的产物，历史上有不同形式。原始社会时期，共同体把自然生产条件、生活资料等作为公共的，这种原始形式就是直接的公有制，存在公有财产。原始社会末期，随着私有制的产生，劳动者拥有对劳动工具、劳动材料等的财产所有权，这时的财产所有权建立在自身劳动的基础上。在奴隶社会和封建社会，普遍存在劳动者丧失对劳动工具和土地的所有权，存在人身依附关系，只对一定的生活资料拥有所有权。进入资本主义社会，劳动者从人身依附关系中解放出来，但除了拥有对自身劳动力的所有权，其他生产资料所有权成为资本家无偿剥削劳动的工具。

其四，马克思考察了不同性质的产权规律，商品生产的产权规律是以商品生产者自己的劳动为基础，通过等价交换让渡自己产品并获取他人的劳动产品，表现为劳动者对自己劳动产品拥有产权的规律。然而，资本主义生产的产权规律表现为，资本家以拥有的生产资料所有权无偿占有工人生产的剩余价值的权利，所有权表现为无偿占有他人劳动的权利。这时，劳动表现为被否定的所有权，或者说所有权表现为对他人劳动的异己性否定。[①]

其五，马克思研究的产权是包含所有权、占有权、使用权、支配权等一系列权能的权力束。这些权能既可以统一于一个主体，也可以分离后属于不同主体。其中，所有权具有决定性，在所有权能融为一体的情况下，拥有所有权就意味着拥有完全的产权。马克思先后考察了土地、资本、劳动力的所有权和使用权相分离的情形。就土地而言，封建时期的地主制是典型的土地所有权和占有权分离的情形，地主凭借土地所有权向租地农民收取实物地租或货币地租，从而无偿占有农民的剩余劳动；进入资本主义时期，由于资本和土地的分离，土地的所有权、经营权和使用权相分离，最终表现为土地所有者、租地农场主共同瓜分农民在具体生产劳动中创造的剩余价值，地租也表现为绝对地租和极差地租。

其六，马克思通过科学严谨的论证，证明了资本主义生产关系，从而私有制的财产和产权关系在相当长的历史周期内是促进物质生产力发展的主要形式，但这种产权制度具有对抗性质，随着社会化大生产的快速发展，私有产权会从促进生产力发展形势走向阻碍生产力发展的桎梏，最终将会被社会主义公有制所取代，这也是社会主义战胜资本主义的历史必然。[②]

[①]　中共中央马克思恩格斯列宁斯大林著作编译局. 马克思恩格斯文集（第 8 卷）[M]. 北京：人民出版社，2009.

[②]　吴易风. 马克思主义经济学与西方经济学比较研究（第 2 卷）[M]. 北京：中国人民大学出版社，1995：965-972.

2.1.2 集体所有制理论

马克思把所有制作为社会生产中生产主体占有、支配物质生产条件的社会形式，把所有制关系当作生产主体对生产的客观条件及成果的一种排他的、最高的支配使用关系，即生产资料的归属关系。[①] 在直接生产过程中，生产资料所有制表现为生产资料和劳动者结合的社会形式，决定人们在直接生产过程中的地位和相互作用，进而产生不同的交换、分配关系。[②] 马克思通过对资本主义生产关系和生产力的矛盾分析，论证了社会主义公有制取代资本主义私有制的历史必然性。社会主义公有制的主要特征表现在生产资料归劳动者共同占有，消灭了对劳动者的剥削和压迫，并采取按劳分配的方式。在公有制条件下，实现了劳动者与生产资料的直接结合，劳动者的地位发生了根本变化。成熟的社会主义公有制是全社会公有制，通过变革把"全部生产集中在联合起来的个人手里"[③]，即全民以联合劳动的形式共同占有生产资料。恩格斯指出："在向完全共产主义经济过渡时，我们必须大规模地采用合作生产作为中间环节，这一点马克思和我从来没有怀疑过。"[④] 合作制的意义在于建立劳动雇佣资本的基本制度，而集体所有制是实现这一制度的前提，马克思、恩格斯阐述的集体所有制是等同于全民所有制的，这里的"集体"是自由人的共同体。在具体实现路径上，提出要遵循客观规律和农民意愿，"不是采用暴力，而是通过示范和为此提供社会帮助"。[⑤] 列宁立足苏联实践，第一个将马克思、恩格斯的合作经济思想变为社会主义现实，提出合作社是实现社会主义必要的阶梯，提高农民的科学文化素养也是发展合作社不可或缺的条件。

毛泽东吸收了马克思、恩格斯合作制的思想，借鉴苏联农业合作经济经验教训，提出合作社是实现集体化的唯一道路，带领中国农村通过互助组、低级社、高级社"三步走"，逐步建立起人民公社制度，确立了"队为基础、三级所有"的集体所有制结构，形成毛泽东合作经济思想。在我国社会主义现实实践中，集体所有制形式作为部分劳动人民公有制，是向全民公有制这个"更高

---

① 刘诗白. 社会主义所有制研究 [M] 上海：上海人民出版社，1985：4—6.

② 吴宣恭. 所有制理论与社会主义政治经济学创新 [M]. 济南出版社，2017：15.

③ 中共中央马克思恩格斯列宁斯大林著作编译局. 马克思格斯选集（第1卷）[M] 北京：人民出版社，1972：68—70.

④ 中共中央马克思恩格斯列宁斯大林著作编译局. 马克思恩格斯全集（第36卷）[M]. 北京：人民出版社，1972：416.

⑤ 中共中央马克思恩格斯列宁斯大林著作编译局. 马克思恩格斯选集（第4卷）[M]. 北京：人民出版社，2012：370.

形式"转型的一个中间环节。作为社会主义公有制的一种初级形态，集体所有制有着自身特征。一方面，生产资料归劳动者集体所有，作为实现自由联合劳动的基本条件，是对私有制的否定，是生产关系的重大变革。但不同于全民所有制在全社会范围内实现了生产资料和产品占有的平等，集体所有制只是在集体内部实现了局部平等，集体单位之间依然存在占有生产资料多少、质量层次等差异，从而造成分配和收益的差别。另一方面，生产资料和产品由集体直接支配的生产关系体现了集体经济利益，这种利益既是集体范围的局部利益，也和全社会公共利益相一致。集体所有制的性质决定了生产经营必须采取自负盈亏的方式，集体的生产状况与集体成员的收入直接联系，这样也能更好地发挥物质利益对劳动者积极性的充分调动作用，成为组织劳动者进行社会主义扩大再生产的牢固纽带。社会主义初级阶段不发达的物质生产力发展水平，决定了集体所有制这一过渡形式将长期存在。随着生产力的发展，集体所有制将不断发展完善，并逐步向全社会所有制转型。[①]

集体所有制是一项灵活性、延展性比较强的制度安排。集体化时期的集体所有制，主要适应计划经济发展需要，采取统一经营、统一管理、平均分配的高度集中的产权安排，挫伤了农民劳动积极性。改革开放以后，顺应农业生产力发展需要，逐步确立起家庭联产承包经营制的主体地位，采取家庭承包经营为主、统分结合的双层经营体制。这时的集体所有制经过集体所有权和承包经营权的分离，形成一种混合所有制结构，既能适应社会化大生产、延续集体经营优势，又能适应分户承包、激发个体农民生产积极性的需要，只要保证集体所有权牢牢掌握在集体手中，就能确保集体土地的社会主义公有制性质不改变。[②]

在中国特色社会主义实践探索中，我国集体所有制得到不断发展和完善。20 世纪 90 年代初，邓小平提出了"两个飞跃"思想，第一个飞跃即废除人民公社，实行家庭联产承包责任制，且保持长期不变；第二个飞跃即顺应农业生产力发展需要，发展适度规模经营，极具预见性地指明了集体所有制发展方向。[③]中国特色社会主义进入新时代以来，农村改革加快推进，土地产权制度改革不断推陈出新，但始终是在坚持和完善农村基本经营制度、坚持农村土地集体所有不动摇的前提下进行的。习近平总书记强调："坚持农村土地农民集体所有，这是坚持农村基本经营制度的'魂'。农村土地属于农民集体所有，

①　刘诗白. 社会主义所有制研究［M］. 上海：上海人民出版社，1985：145－164.
②　刘诗白. 社会主义所有制研究［M］. 上海：上海人民出版社，1985：166－177.
③　中共中央文献编辑委员会. 邓小平文选（第三卷）［M］. 北京：人民出版社，1994：355.

这是农村最大的制度。农村基本经营制度是农村土地集体所有制的实现形式，农村土地集体所有权是土地承包经营权的基础和本位。"① 由此，在坚持农村土地承包关系保持稳定并长久不变的基础上，中央积极推行"三权分置"改革，即坚持所有权、稳定承包权、放活经营权，农村集体所有制的实现形式进一步深化拓展，在迈向乡村振兴、实现农民农村共同富裕的道路上发挥着重要作用。

2.1.3　制度变迁理论

诺斯和戴维斯是最早研究制度变迁的学者之一，在他们合著的《制度变迁与美国经济增长》一书中，沿用新古典经济学理性经济人的行为假设，采取正统的成本—收益分析方法揭示了制度创新的条件和动因，以及制度变迁过程，并强调了制度变迁对于美国经济增长的重要意义。他们认为，制度是一系列用来规范人们生产、交换与分配基础的政治制度与法律规则，由道德、传统、习惯等非正式规则和法令、产权等正式法规组成，其主要功能包括降低交易成本、提供激励、减少外部性、为合作创造条件等②；制度变迁就是一个渐进的制度创新过程，当个人、团体或政府对自己收入预期超过预期成本时，就会通过协作努力试图改变既存制度结构和产权结构。制度变迁是在制度均衡—非均衡—均衡的过程中寻求"帕累托最优状态"，是人们为了追求潜在获利机会自发交替的过程。林毅夫则认为，制度变迁除自发交替的变迁过程外，还应包括国家在追求租金及产出最大化目标下通过政策法令推行的强制变迁过程，由此定义了诱致性制度变迁和强制性制度变迁。诱致性制度变迁是指现在制度安排的变更或新制度的创造，由一个人或一群人响应获利机会时自发倡导、组织和实施；强制性制度变迁则是国家通过命令或法律的引入强制实施。林毅夫认为，新的制度安排仅仅靠诱致性变革是难以满足社会需求的，因此，需要国家干预来有效弥补制度供给的不足，这就是强制性制度变迁。③

马克思没有将制度作为一个独立的范畴进行研究，而是将其置于人类社会生产生活的大环境中进行考察，揭示了人类社会最根本的社会制度运行变迁规律，即生产力与生产关系、经济基础与上层建筑的相互作用原理。马克思特别注重经济制度问题的研究，包括生产资料所有制、产权制度、企业制度等，其

---

① 习近平. 论"三农"工作 [M]. 北京：中央文献出版社，2022：82—83.
② 诺斯. 制度、制度变迁与经济绩效 [M]. 刘守英，译. 上海：上海三联书店，1994.
③ 卢现祥. 新制度经济学 [M]. 2版. 武汉：武汉大学出版社，2011：173—184.

中所有制是核心问题，贯穿生产、交换、分配和消费的各个方面，是经济关系的总和。在所有制的内部构造中包含了所有权、使用权、占有权、剩余索取权等产权，反映了人与人之间的物质利益关系。通过产权权属关系的调整，生产关系能够发生变革，提高资源的优化配置效率，推动生产力的发展。关于制度变迁，马克思认为生产力发展是制度变革的根本性动力，制约着制度的产生及变迁；生产资料所有制作为生产关系的基础，是制度变迁的核心；制度变迁的本质是利益关系的调整、协调以及再分配的过程。当生产关系不能适应生产力发展需要时，新的制度变迁必然应运而生，这是历史发展的根本规律。制度变迁理论为更好地理解今天的农村生产关系与生产力的矛盾运动提供了理论支撑。

2.2　理论机制

基于上述理论，构建"产权—要素—效益"的分析框架，基于四川农村土地改革案例，分析农村土地产权结构调整对农业生产要素配置的影响，进而通过测算分析农业生产效率和农民产权收益的变化，证明农村土地产权改革带来的正面效益。

2.2.1　土地制度改革的核心是产权结构调整

土地是农业生产中最基础的生产资料，土地制度的核心即土地所有制就表现为农村生产关系成为历史上影响王朝兴衰、政权更迭，关系经济社会和谐稳定、可持续发展的重要因素。特定的土地所有制在不同生产条件下的具体实现形式有所不同，表现为不同的土地产权结构，即以土地所有权为核心的多层次的产权组合方式。在土地的各项权能中，所有权是最根本的权利，是"一些人垄断一定量的土地，把它当作排斥其他一切人的、只服从自己私人意志的领域"。这说明土地所有权具有排他性，排除他人对违背所有权者意志的占有、使用及支配。历史上农民的小块土地所有制是典型的土地各项权能集于一体的土地产权实现方式，农民直接占有全部剩余，地租没有单独表现为剩余价值。但是，随着社会分工的深化，土地所有权进一步分化为所有权、使用权、收益权、经营权、处分权等多项权能组成的权力束，不同权力归属不同的阶级、阶层、社会集团和个人等主体，每个主体与生产资料的关系不同，发挥的职能和作用不同，其组合方式决定了产权的性质及结构，并决定产品的分配方式和激励机制，形成不同的生产关系。如顾炎武《天下郡国利病书》中福建部分记载的封建土地所有制下的"一田三主"情况，一曰业主，二曰租主，三曰佃主，这里的业主指拥有田地所有权的地主，租主指拥有田地使用权的"二地主"，佃主指拥有田地经营权的佃农。租主向佃主收租，给业主交纳部分地租，并向国家纳赋，佃农作为农业生产的具体劳动者，处于社会最底层，向业主和租主交纳地租后剩余的口粮仅供劳动力再生产。在这种多元产权主体格局中，实现了所有权、使用权和经营权的分离，不同的产权分属不同的主体并获得部分经济利益，相互之间是根本对立的。直接从事生产劳动的佃农通过向业主和租主交纳地租获得土地的经营权，付出艰辛劳动的剩余所得却微乎其微，其剥削关系显而易见。资本主义土地所有制建立以后，土地产权关系又有了新的变化，在地主和农民中间出现了一个重要的主体，即租地农场主，这和租主有着本质的区别，农场主依靠资本的投入成为农业劳动的指挥官，地主凭借所有权获取地租，农业资本家获得平均利润，其实质都是农民在直接生产劳动中创造的剩余价值，三者在经济利益上的对立关系体现了资本主义生产关系下剥削的本质，这种产权构造也是资本主义农业大生产的前提。这里透过产权关系深刻反映了不同经济体制下社会各阶层之间的经济关系，产权结构作为土地所有制的具体实现形式，是形成这些关系的基础。

2.2.2 土地产权影响农业生产要素配置

产权是资源配置的重要制度依据，决定着资源要素的归属权、使用权、收益权等，进而影响资源的流动方向和合理配置。从马克思政治经济学来看，市场机制作为资源配置的一种方式，借助价格、供求和竞争机制实现社会必要劳动的配置，促进资本在各生产部门的自由流动，形成平均利润率；资源的最优配置就是社会必要劳动按一定比例合理地分配到社会各个生产部门，达到个别劳动时间和社会必要劳动时间的吻合及两种社会必要劳动时间的匹配。这一原理为辨析产权关系如何通过资源配置这个中介影响生产力发展提供了重要依据。资源配置的内在比例是客观的，但作为"生产过程本身"的经济活动，必须以生产条件的分配及生产的社会属性为前提，故不能脱离所有制关系孤立抽象地讲资源配置。在资本主义生产方式下，私有制的产权结构决定了资源配置的核心问题就是市场机制所驱动的资本实现价值增值的运动过程。特别是在农业内部，由于特殊的土地产权结构，资源配置有着一定的特殊性。土地所有权和经营权的分离是资本主义农业生产方式的前提，这种产权结构使得土地所有者（地主）凭借所有权的垄断获取绝对地租和级差地租Ⅰ，土地经营者（农业资本家）凭借经营权的垄断获取级差地租Ⅱ。地租的存在和农业资本有机构成较低的客观实际，决定了农产品要按农产品价值出售，以获得农业的超额利润，从而保证补偿地租支出后农业资本家依然能够获得各生产部门的平均利润，否则资本家就不会将资本再投向农业部门。但是在分成制和小块土地所有制下，这种资源配置机制又有所不同。分成制是一种过渡形式，土地和生产工具的所有者与劳动的直接剥削者合二为一，地租和利润也合二为一地被其榨取，这种产权结构是全部剩余占有的基础。小块土地所有制，即农民为土地的自由所有者，也可称为小资本家，农业经营的产品主要为直接生活消费需要，起调节作用的产品市场价格很少会达到农产品价值，平均利润和地租不表现为经营的界限，只要产品价格足以补偿恢复再生产的最低工资需要，农民就会继续耕种，这种较低的农产品价格就是贫穷的结果，其根本还在于小块土地所有制的缺陷阻碍了资本的投入、社会劳动生产力的发展与技术的累进应用。由此，土地产权制度能否有效发挥作用实现资源优化配置，可以作为判断生产关系是否适应生产力发展的一种标准。

2.2.3　资源要素结构决定农业生产效率和农民产权利益实现

从理论上讲，特定的农地所有制总是与特定的农业生产力发展水平相适应，农村土地产权制度的变迁，通过农业生产要素投入、农业生产的组织经营方式及资源配置方式影响农业的投入－产出效益，由此获得相应的农业生产效率。从原始公有制到奴隶主占有制，再到封建社会的农地国有所有制、地主私有制和自耕农小私有制，农村土地制度的变革在多数时期促进了农业生产效率的提升，但部分地区的改革却是弊大于利。因此，需要基于定量和定性分析方法评价农村制度改革的成效。在统计测度上，考察农业生产效率的指标可以分为部分要素生产率和全要素生产率。生产率这一概念最早由法国重农学派魁奈所创，当时指生产具有交换价值物品的能力。后来赋予其经济学含义，主要指某种要素投入与产出的对比关系。部分劳动生产率反映的是农业生产的单一要素每单位投入所产生的农业产出数量，一般包括土地生产率、劳动生产率、资本生产率等。土地资源的稀缺性，特别对于人多地少的国家，决定了提高土地利用率的必然性。但为了在有限的土地上获得最大的农业产出，不得不增加其他替代要素的投入，比如资本和劳动力，这也是农业集约经营的传统方式。但是，随着单位面积土地上追加投入的要素增多，农业的边际产出会呈现下降趋势，直到边际产出为零，形成农业的"内卷化"状态，这也是传统小农经济面临的发展瓶颈。为了克服单要素生产率的局限性，更全面地测度生产力发展水平，一些经济学家提出了全要素生产率（Total Factor Productivity，TFP）的概念。在现代经济条件下，生产力的发展表现为资本、劳动等要素的投入以及由此带来的产出增长。TFP 正是通过投入与产出之间的增长关系间接地衡量经济效率，反映生产力的发展水平。1948 年，美国农业部经济学家巴顿（Barton）、库珀（Cooper）合作发表的《农业产出与投入的关系》，开创了农业全要素生产率研究的先河。农业全要素生产率反映了在给定农业资源（土地、劳动力、资本、技术等）投入条件下，农业系统整体生产效率的提升程度，逐渐发展成衡量农业经济效率的核心指标。通过调整农业产业结构、引导劳动力从低效农业劳动向高附加值领域农业劳动转移、合理配置土地资源、改善资本投入结构等，可以使农业资源得到更高效的利用，进而提升农业全要素生产率。

同时，产权的本质是为了实现经济上的收益，不同产权性质和结构决定了农民产权利益的实现方式和程度。一方面，清晰且完善的土地产权结构，使农民对其土地享有法定保障，能够有效防止他人非法侵占，确保其在土地上的合法收益不受侵犯。清晰的产权结构也有利于降低信息不对称，减少交易过程中的不确定性，促进土地资源的优化配置和社会效益的整体提升。产权结构设计还会直接影响农民的生产决策与投资行为，以及土地增值收益的分配。另一方面，不同所有制下的产权性质也会影响农民产权利益的实现程度。资本主义土地私有制适应了农业生产力发展的需要，有利于提高农业生产率，但其产权性质决定了生产的目的是无止境地追求资本的价值增值，农业工人作为无产者根本无法触及产权利益，只能通过出卖劳动力获取维持生计水平的工资。因此，在大多数资本主义国家，土地所有权不平等的结构是农民收入分配不公的最重要的决定因素。中国农村集体土地所有制下的产权结构问题，在历史上造成了对农民产权利益的侵蚀，但也为工业化起步阶段的原始资本积累提供了物质基础。改革开放以后，农村改革始终围绕着农民自身权益的实现，赋予农民更多的土地财产权。那么，更多的土地权利是否意味着更大的土地产权利益的实现，二者的辩证关系还需要在现实中寻找答案。

第 3 章　农村土地产权制度改革的历史演进

　　土地所有制的产生和发展是一个自然历史过程。土地没有成为人类的改造对象之前，只是纯粹的自然物。只有当土地成为人类改造自然并获得劳动产品的对象时，才能建立起人地关系，形成不同的生产关系。原始社会末期，随着不断扩大的私有欲望和矛盾冲突，氏族社会不可避免地走向解体，建立起国家政权并依靠其强制力量形成制约私有意识及行为的制度，土地所有制也就随之产生，从此，人类也开始步入文明的大道①，土地制度也逐渐演化为影响民生福祉、经济社会发展稳定和政权更迭的重要因素。

3.1　上古时代的土地所有制：井田制

　　井田制随着周朝推行分封制而产生，是我国历史有记载的最原始的土地制度，其核心就是将土地划分成整齐的方块，以"井"为灌溉单位，八家共用一井，中间的作为公田，原属公社所有，后归贵族或统治阶级所有，周边则为私田，由个体家庭占有使用，享有产品的收益权。如《孟子·滕文公》中所说："夫仁政，必自经界始。经界不正，井地不均，谷禄不平。""方里而井，井九百亩，其中为公田。八家皆私百亩，同养公田，公事毕，然后敢治私事。"井田制的形成与上古时期治理水患有很大关联，最早就是因治水由人工挖掘的沟洫而成。井田制的实施与当时的生产力发展水平相适应。当时的生产工具以铜器和石器为主，在井田上开展的主要经济活动包括挖掘沟洫、农业生产、家畜饲养和捕鱼狩猎，这就决定了井田上的生产关系。西周时期的土地属于王有，由周天子分封给诸侯及大夫等，但这并非一种经济利益上的所有权，只能是政

---

　　① 李正图. 土地所有制理论与实践［M］. 北京：新华出版社，1996：120－124.

治关系赋予的政治利益上的所有权。耕地的分配与耕种方式有关，在西周实行三圃制的地方，耕地划分为秋播地、春播地和休耕地，每一个成员都可以在这三块地上分得一块土地，从而实现平均分配。周灭商后，为了镇压商族，划分了两种统治区，将井田的生产者区分为"国人"和"野人"。"国"相当于古代城市，是奴隶主的政治军事中心；"野"指城市周边的郊外，主要分布着农业社区。不同区域的人们有着不同的"待遇"，"国人"拥有当兵及当官的权利，"野人"则属于奴隶阶级，二者逐渐演化为对立阶级。关于井田制下的劳动产品分配问题，是反映社会剥削的有力证明，因此，有必要讨论"贡、助、彻"的征税方式。"贡"是公社成员向氏族首领等贡献的家畜、谷物等献礼，根据年龄采取"什取一至三"的定额。"助"意为"藉民以力"，是劳动者在"公田"上为贵族阶级提供的无偿劳动，可认为是徭役的雏形，也是原始剥削制度的确立，在学界争议较大，从不同的史料记载来看，这一制度有着从"治"到"取"再到"通"的发展过程，至西周时期已经实现了"公田"和"私田"拉平征税的"双轨制"，意味着剥削的不断加重。"贡、助、彻"与井田制度休戚与共，在夏商周并非单一存在，而是并行发展的。[①] 井田制有公田和私田之分，与农村公社的组织形式相联系，这种公社内的社员原本是平等互助的关系，私有制的产生和发展打破了这种和谐，催生了阶级分化和对立冲突。井田制时期地广人稀，劳动是稀缺资源，土地所有权仅表现在对奴隶所有权的经济利益的实现，是奴隶的一种附属品。概括来讲，井田制的性质不是一个完整意义上的所有制，它混合了王有、农村公社所有及家庭所有的复合所有制形态，是一种"亚细亚"的古代土地所有制。[②]

春秋战国时期，铁犁牛耕的推广使用为大规模垦荒及兴修水利创造了条件，众多不毛之地改造成良田，农田相连、阡陌纵横，促进了农业生产的发展，人口大幅增加，劳动者技能也有了长足进步。农业经济的发展带动了井田经济向纯农耕业态的转变，井田制的经济内容开始发生从量到质的变化。同时，手工业和商业的发展，使得单一的农业经济结构走向农工商混合型经济结构，标志着井田制时代相互孤立的社会经济形态向分工细化的开放型社会经济结构的转型，为井田制的解体提供了社会经济条件。此外，经济的繁荣发展必然带来人口的增长，劳动力资源从稀缺成为过剩，使得维持井田制的人地条件发生了逆转，对土地制度的变革呼之欲出。在奴隶制向封建皇权专制发展的数

---

① 赵俪生. 中国土地制度史［M］. 武汉：武汉大学出版社，2013.

② 陈锋. 中国古代的土地制度与田赋征收［J］. 清华大学学报（哲学社会科学版），2007（4）：5—13.

千年中，土地制度随着王朝政权形式和经济社会发展需要不断变迁，从西周时期"溥天之下，莫非王土"的国有制形式，向私有制由浅入深的转型，呈现出国有和私有交替更迭的特征。秦国商鞅变法迈出了历史性一步，废井田、开阡陌，将土地依据军功授田予国民使用，土地私有制正式建立起来，为封建土地关系的形成创造了条件。

3.2 皇权专制时代的土地混合所有制

自秦统一六国以来，废除分封制，实行郡县制，建立起君主专制统治的中央集权政治制度，引领了中国两千多年的封建社会文明进程。政治体制的变革必然在土地制度上加以体现。一般认为，专制皇权时代的土地所有制形式主要有国家（皇权）土地所有制、大地主土地私有制和小土地私有制。国家土地所有制是国家凭借集权专制获得土地所有权，并以"假田""屯田"等方式征收地租、赋税，实现其经济利益，故也可称为皇权土地所有制。国家土地所有制是井田制解体后的主要形态，也是集权专制的基础。土地私有制是在实现土地自由买卖之后确立的，无论是大地主所有还是小自耕农所有，其最初都是通过君主的赏赐而获得。但在土地私有制不断深化发展的历史进程中，不同权利主体的矛盾也在不断演变激化。大地主的土地通过圈地运动及市场买卖不断扩大，大量自耕农只能贱卖土地沦为"佃农"或雇农、农奴，大地主土地私有制逐渐上升为主导地位。土地兼并必然造成地主和小农阶级的两极分化，"富者田连阡陌，贫者无立锥之地"成为封建时代的真实写照。大地主土地私有制的恶性膨胀，财富的积累日益强化，加速了小土地私有制的破产，从而削弱国家土地所有制，对皇权造成挑战和威胁，由此围绕土地制度的调整改革从未停息。秦统一六国以后，历经两汉、魏晋南北朝的均田制、屯田制，田赋采取租税制度，至唐代创租庸调制到两税制，开历史的先河，影响后世逾千年，明清时期的"一条鞭法""地丁合一"也是两税制的延续和完善，其本质都是通过压榨小农、限制土地兼并，从而维护皇权专制的统治阶级利益。[①] 这三种所有制形态的对立转化构成皇权专制时代土地所有制转化的主要内容，并通过某种周期性的变动显现出来，人地矛盾引起的阶级斗争成为土地制度变迁的根本动

---

① 陈锋. 中国古代的土地制度与田赋征收 [J]. 清华大学学报（哲学社会科学版），2007（4）：5-13.

力。[1] 但无论哪种形态，从农业生产经营来看都是以小农为主体，小农经济就是封建时代的主要生产关系。马克思曾深刻指出：小农生产方式"占统治地位的，不是社会劳动，而是孤立劳动"[2]。小农经济下简陋的生产条件和精耕细作的劳动方式，使彼此间并没有发生多种多样的关系。他们的生产方式不是使他们相互交往，而是使他们相互隔离。每一个农户差不多都是自给自足，直接生产自己的大部分消费品，因而他们取得生活资料多半靠与自然交换，而不是靠与社会交往。这种自给自足的小农经济，不仅限制了商品交换和社会分工的发展，农民被世世代代地束缚在土地上，无法摆脱人身依附关系，过着穷困潦倒的生活，维系着简单的物质资料再生产，农业生产技术也难以发生颠覆性革命，阶级的分化也进一步加剧了社会矛盾，其根本原因在于这种封建土地产权制度的效率低下。历史一再证明，中央集权的实现程度依赖于财政税收，决定于小农的数量和发展。凡是小农得到繁衍生息的时期，也正是皇权得到巩固的时期；一旦大量小农生存发展受到威胁，必然引起农民起义甚至朝代的更迭。因此，小农经济是皇权专制的物质基础，也是维护中央集权的制度根基，得不到小农拥护的皇权必然走向覆灭[3]。这也就是两千多年的皇权专制下土地所有制发展演变的根本逻辑。

3.3 民主主义革命时期的土地制度改革

鸦片战争的爆发，西方资本主义列强用枪炮强行打开了中国封闭已久的大门，面对大量资本输入和原材料的掠夺输出，小农业和家庭手工业相结合的自然经济迅速瓦解，大量小农走向无产化，挣扎在生存的边缘，土地生产关系随之发生深刻变化，以国家土地私有制、大地主土地所有制和小土地私有制为主要内容的封建土地产权制度在半殖民地半封建社会中苟延残喘。从鸦片战争到辛亥革命期间，中国不仅遭受了西方资本主义列强的侵略和经济掠夺，内部也因社会结构的剧烈变动、政治腐败和民众起义而动荡不安，整个国家陷入了深度的内外交困之中，一批仁人志士为寻求救国救民道路而努力探索，土地制度变革应运而出。

太平天国运动期间，太平军在定都天京（今南京）后颁布了一部纲领性文

---

① 钱忠好. 中国农村土地制度变迁和创新研究 [M]. 北京：社会科学文献出版社，1998：121.

② 中共中央马克思恩格斯列宁斯大林著作编译局. 马克思恩格斯文集（第3卷）[M]. 北京：人民出版社，2009：918.

③ 王宪明. 中国小农经济改革的制度选择研究 [M]. 中国经济出版社：北京，2008：41.

件《天朝田亩制度》，旨在从根本上改造中国的土地制度和社会结构，体现了追求社会平等和解决农民土地问题的理想。该制度提出"凡天下田，天下人同耕"的原则，主张废除封建土地私有制，将土地收归"天朝"所有，然后按人口平均分配，希望实现"无处不均匀，无人不饱暖"的理想社会；提出"圣库制度"，即生产所得除留足口粮外，其余皆上缴"圣库"，再由"圣库"统一分配，意在消除贫富差距，实现财产共有；主张取消一切封建赋税和徭役，试图彻底打破旧有的社会阶级结构，消除地主阶级对农民的剥削。这一制度反映了农民阶级对建立一个公平、均等社会的渴望，寄希望于重建传统的小农生产方式代替封建土地私有制，其过于理想化的改革设想并未能在中国社会土壤中生根发芽，最终走向失败。

辛亥革命的胜利推翻了两千多年的封建政府，建立起民国政府，由于土地制度改革未及时跟进，土地所有制向私有化方向演变，大量土地被地主富农等买走形成私田，政府丧失了对土地分配的调控，导致土地兼并日盛，复现了封建土地集中的弊端。资本主义工商业发展对土地的需求，加速了"永佃制"的消亡，土地经营和失地农民问题日益突出。由此，孙中山先生鲜明地提出了"平均地权""耕者有其田"的主张，希望通过减税、赎买等方式将土地收归国有，并采取核定地价、照价收买纳税和涨价归公的办法，协调解决土地民生问题。[①] 但在代表大地主、大资产阶级利益的蒋介石掌握国民党政权后，孙中山先生关于土地改革的构想终成泡影。与其相反，中国共产党从诞生之日起就代表广大工农阶级的根本利益，在革命根据地开始进行土地改革的探索实践，团结了广大工农群众，为新民主主义革命的胜利打下了重要根基。

3.4　新中国成立以来的农村土地产权制度改革

新中国成立以后，面对满目疮痍、百废待兴的困难局面，废除封建土地制度、实现耕者有其田，是解除生产力发展桎梏的必然要求，更是广大受尽剥削的贫困农民的迫切愿望，也是人民民主专政的无产阶级政权得以建立的政治前提。在中国共产党的领导下，历经土地革命、农业合作化、人民公社化以及改革开放后的承包责任制改革，在曲折探索中建立了与社会主义初期阶段相适应的农村土地集体所有制。在这个制度框架下，农村改革不断深化，农村体制机制创新层出不穷，推动农业农村发展取得历史性成就，为全面推进乡村振兴、

---

① 叶剑平. 中国农村土地产权制度研究［M］. 北京：农业出版社，2000：15.

实现农村农民共同富裕奠定了重要基础。

3.4.1　中国共产党领导下的早期土地改革

中国共产党从诞生之日起就代表广大工农阶级的根本利益，在革命根据地开始进行土地改革的探索实践，团结了广大工农群众，为新民主主义革命的胜利打下了重要根基。1947年7月，中共中央颁布实施了《中国土地法大纲》，明确指出："彻底废除封建性及半封建性剥削的土地制度，实行耕者有其田的土地制度"。在共产党人的不懈努力下，最终铲除了皇权专制制度的根基，彻底消灭了大地主阶级土地所有制，初步实现了"耕者有其田"的主张。新中国成立之后，为全面完成新民主主义革命的任务，于1950年颁布了《中华人民共和国土地改革法》，规定废除地主阶级封建剥削的土地所有制，建立农村土地个人所有制。立足当时形势，根据土地改革斗争经验，中国共产党制定了"依靠贫农、雇农，团结中农，中立富农"的土地改革总路线，分批有序地推进土地改革运动，重构新型农村阶级阶层关系。截至1952年底，除一些少数民族地区外，基本完成了土地改革，对于恢复重建、推动国民经济复苏发挥了重要作用。

中国共产党用了三年时间全面完成了土地改革，没收了大地主阶级土地，将其分给3亿多无地或少地的农民，真正建立了农民土地所有制，实现了农民"耕者有其田"的夙愿，极大调动了农民生产的积极性，使得战乱破坏的农业生产迅速恢复。短短三年里，农业总产值增长了48.5%，农民购买力提高了76%。但是，这种以土地私有制为基础的农民个体经济的本质依然是一家一户分散经营的小农经济，对于发展现代农业、满足工业化和提升人民生活水平的现实需要，存在极大的局限性，且抵御自然灾害等风险能力较弱。部分富农利用自身优越的经济条件重新兼并土地，进行雇工经营，而很多贫困的小农被迫出卖土地，沦为被剥削对象，导致两极分化。这种个体私有制的广泛存在与发展社会主义公有制经济有着本质上的矛盾，因而对农村土地制度的社会主义改造势在必行。

3.4.2　"一大二公"的农村集体所有制生成

在马克思、恩格斯关于小农改造思想及苏联经验的引导下，根据中共中央提出的过渡时期总路线，正式拉开了对农业生产资料私有制的社会主义改造的序幕，在经历了生产互助组、初级农业合作社、高级农业合作社再到人民公社，农业生产资料集体所有制全面确立并得到深化发展。

私有制向集体所有制过渡的初级合作社阶段。1953 年，中共中央发布《关于发展农业生产合作社的决议》，提出将农民组织起来，通过简单的共同劳动的生产互助组，到土地入股、统一经营的生产合作社，逐步建立起生产资料集体所有制。农业生产互助适应了农民本身固有的"换工""合耕"等习惯，又利于发挥个体经济的积极性，得到广大农民的积极响应。在生产互助的基础上，以土地入股、统一经营的初级合作社得到快速发展，短短一年增长到 10 万个。初级合作社并未改变生产资料私有的性质，土地依然是农民个体所有，只是在自愿的基础上以土地入股，由合作社安排统一经营，社员根据持有的股份实现分红，且保有退社的自由。初级合作社实行集体劳动，并以按劳分配为主要分配方式，从一定程度上已经具备了社会主义性质，但还不是完全的。[①] 初级合作社对于适应计划经济条件下较为低下的农业生产力、克服小农经济的局限性、推动农业发展具有较大的优越性，也是符合广大农民意愿的理性选择。

集体所有制初步建立的高级合作社阶段。在当时对合作社缺乏深入调研分析的情况下，高级合作社"一轰而起"。截至 1956 年底，入社农户的比例达到了 96.3%，其中高级社占 87.8%。在不到 5 年的时间里，基本完成了对土地私有制的社会主义改造，集体所有制基本确立。这时的生产关系已经发生了质的改变，土地、牲畜和农具等主要生产资料全部转为合作社集体所有，从个体、互助等多元的劳动形式转变为由合作社统一按计划的集体劳动方式，取消了土地报酬，所有劳动产品由合作社集体占有，扣除纳税、公积金及提留金等余下的剩余产品，以按劳分配的原则分配给社员。

集体所有制的确立，全面消灭了土地的私有制，在广大农村建立起社会主义经济制度，彻底割断了资本主义生存的根基，使得有计划按比例的社会大生产成为可能。但是，这种不顾及农民意愿和利益，盲目追求生产规模和集中统一劳动的强制性制度变迁，忽视了家庭经营在当时生产力条件下的积极作用，很快暴露出一些弊端，束缚了农民生产发展的积极性。事实证明，脱离生产力发展状况的生产关系变革，最终只能成为制约自身发展的壁垒，到头来都不过是在"开历史的倒车"。

集体所有制深化的人民公社阶段。农村人民公社的建立，是我国农村生产关系的又一次重大调整。1958 年，在"大跃进"运动的助推下，迅速建立起以工农商学兵为一体的"一大二公"的人民公社制度，远远超出了生产力发展

---

① 朱剑农. 中国农村生产关系研究［M］. 北京：中国社会科学出版社，1989：56－57.

的要求。人民公社一味追求生产规模大、公有化程度高，过高地估计了共产主义发展速度，错误采取工资制和供给制相结合的分配方式；所有劳动力由公社统一领导、调配和指挥，行政命令、计划手段成为资源配置的唯一方式，严重背离了经济社会发展规律和人民群众的利益。中共中央有所察觉，并围绕人民公社的所有制结构采取了一定的纠偏措施，特别是 1962 年中国共产党第八届中央委员会第十次全体会议通过的《农村人民公社工作条例修正草案》，正式确立了"三级所有，队为基础"（即以生产队为基本核算单位，公社、生产大队、生产队三级所有的集体所有制）的体制，这一次生产关系的调整改变了农村的组织体制和管理制度及分配方式，对于克服平均主义、统一生产经营单位、强化生产队自主权、激励社员恢复和发展农业起到了积极作用。直至1983 年，随着政社分开、建立乡政府改革的全面推行，人民公社制度逐步瓦解。

从人民公社制度的产生和演变过程来看，从开始阶段盲目推行全盘公有化、否定按劳分配和等价交换原则、无偿平调劳动力到三级所有体制的确立，生产关系也在适应农业生产发展的过程中不断进行局部调整，实现了集体所有制的深化发展。[①] 但总体来说，这种"公有共用"的单一所有制形式，将生产经营和劳动力统得过死，平均主义分配方式又极大地影响了农民生产的积极性，从根本上讲是违反了生产关系要适应生产力性质的规律。

3.4.3　集体所有制的产权结构生成逻辑

在初级合作社阶段，土地等生产资料通过入股合作社实现了所有权与使用权的暂时分离，以及生产资料的集体占有、使用及收益分配权。通过合作社统一组织生产的方式，使农民的所有权再现于生产经营环节，并保有收益权和处置权以及退社的自由。劳动力还是直接与生产资料相结合，农民能够自由支配自己的劳动。初级合作社是在承认土地农民私有的前提下建立的公共财产无差别占有使用的制度，其生产资料产权设置促进了集体经济的萌芽，为实现自由联合劳动创造了条件，在一定程度上克服了小农经济与社会化大生产之间的矛盾。但初级合作社产权制度本身蕴含了一定矛盾，主要表现在这种"准集体产权"时刻面临着集体交易费用激增的威胁与联合劳动之间的矛盾、必要的代理组织机构与合作社成员目标利益不一致的矛盾，以及合作社成员追求最大化个

---

① 朱剑农. 中国农村生产关系研究 [M]. 北京：中国社会科学出版社，1989：56—57.

人利益与公共占有使用生产资料的矛盾①，其本质还是土地的私有、公用与社会主义经济的矛盾。这种矛盾随着生产力发展越发明显地暴露出来，越来越不利于社员之间的团结互助，寻求进一步的集体产权实现方式成为历史必然。如果说初级合作社是依据马克思、恩格斯关于合作制的思想，在公平自愿的基础上引导农民走向集体化道路的一种示范，那么向高级合作社转型就带有浓厚的强制性制度变迁意味。进入高级合作社阶段，农民的生产资料所有权全部凝聚到合作社这个集体，生产经营也要完全服从集体的统一安排，农民作为合作社成员，名义上享有所有权，事实上只拥有非常有限的使用权和收益权，并且丧失了退社的自由权，退社就意味着失去基本生活保障，同时面临政治风险。劳动力与生产资料的结合方式从直接结合转化为间接被动，农民难以自由支配自己的劳动，集体成为支配劳动及全部劳动产品的主体。当然，这种集体产权还不足一种完整意义上的所有权形态，政府的指令性计划成为对合作社生产经营的事实控制，统购统销、统一分配、限制自由商贸的背后体现了社会主义国家工业化通过对农业的"掠夺"实现原始资本积累的现实要求。

人民公社初期通过合并合作社、建立政社合一的管理体制实现了土地所有权、占有权、使用权及经营分配的高度集中，这种盲目追求"一大二公"的集体产权的实现完全依靠行政命令指挥、调拨一切，不可避免地出现干活"一窝蜂"、管理"瞎指挥"的现象，无效的激励机制及高昂的监督成本，导致1959—1961年农业生产的大倒退，证明了高度集中的集体产权的重大缺陷，因而对集体产权的调整分割势在必行。随后，《农村人民公社工作条例修正草案》的颁布，下调了人民公社的权利，确立以生产队为基本核算单位的"三级所有，队为基础"的体制，重新界定了人民公社、生产大队及生产队的权能，赋予生产队更多的收益处置权，解禁了农户对部分集体资产的占有使用及收益权，特别是自留田的设置保障了多数农民的生存权。② 人民公社三级所有制的变动，是生产资料所有权在三个主体之间的分割，产权的明晰界定在一定程度上激发了农民生产的积极性，但依然没有解决好生产队决策者激励低下、统一经营的监督困难及所有权被上级集体侵犯的问题③，国家通过计划经济手段不仅限制着土地的交易流通和人口的自由流动，农业的生产、经营及销售环节依然受行政指令控制，农业剩余通过"剪刀差"大量转移到了工业和城市，从而

---

① 靳相木. 论五十年代初级农业生产合作社的产权制度——兼析新形势下发达地区农村股份合作经济的制度渊源及发展前景［J］. 经济科学，1995（6）：22—26，37.

② 郭强. 中国农村集体产权的形成、演变与发展展望［J］. 现代经济探讨，2014（4）：38—42.

③ 刘守英，熊雪锋，龙婷玉. 集体所有制下的农地权利分割与演变［J］. 中国人民大学学报，2019，33（1）：2—12.

导致了农业生产效率极端低下和农民收入增长停滞。正如周其仁（2017）指出的，这种集体化的产权制度安排就是一种"体系性"失败。[①]

3.4.4 农村改革以来家庭联产承包责任制的演进

中共十一届三中全会以后，以家庭联产承包责任制为主体的农业生产经营方式的变革，在生产、分配、交换、消费等环节都引发了裂变与重组，实现了农村生产关系的重大调整。在40多年的发展历程中，围绕着农村土地所有权和农民承包经营权的确立、完善及权能的调整、分置，家庭承包责任制在集体所有制的框架下不断巩固发展，成为农村生产关系的基础和核心。

3.4.4.1 1978—1993年：家庭承包责任制的建立和稳定

1978年底，安徽农民群众面临百年一遇的自然灾害，率先自发恢复了"三包一奖"、包产到户的生产责任制，但这种责任制的推行困难重重。联产承包责任制将高度集体的生产经营方式变为统一经营和分散经营相结合、家庭承包经营为基础的形式，这种产权结构的细分规避了劳动监督成本过高而造成的偷懒或劳动投入不足等机会主义行为[②]，有力克服了集体农业单一经营体制下的"大呼隆""大锅饭"等弊端，带动了生产关系的调整变革，推动了农业生产力的解放发展，实现了1979—1984年粮食连年大丰收，年均增产175亿公斤，农民收入增长166%。巨大的经济效益使政府吃下了"定心丸"，这一时期到20世纪90年代初期，从政策到法律层面将家庭联产承包责任制作为农村基本制度逐步确立下来，并于1993年正式列入《中华人民共和国宪法》，长期稳定地坚持和完善。双层经营体制的变迁必然以生产资料所有制关系的调整为基础，承包责任制突破了生产资料全部公有的限制，在坚持土地集体所有的前提下，通过将土地所有权与使用权分离，改变了"土地公有，产权合一"的关系，赋予了个体农户具有排他性的生产资料所有权，在家庭内部实现了劳动力与生产资料的直接结合，深刻改变了农民在生产中的地位作用，以及农民、集体和国家之间的利益关系。集体凭借所有权保留了对农村土地一定的支配权，借此对农村土地使用施加限制，以及对承包土地调整的权限；农民在国家计划指导和集体统一规划下独立地开展生产经营活动，成为相对独立的生产经营主体。从分配方式来看，"交够国家的，留够集体的，剩下都是自己的"，从社会

[①] 周其仁. 体制成本与中国经济 [J]. 经济学（季刊），2017，16（3）：859−876.

[②] 中国农村发展问题研究组. 农村经济变革的系统考察 [M]. 北京：中国社会科学出版社，1984.

总产品分配"各项扣除"的社会主义原则上体现了按劳分配的主导地位；资金投入及农药、化肥等生产资料投入带来的级差收入差异也带有按要素分配的因素，可以更好地鼓励农民对土地追加投资，提高劳动生产率的积极性。以产权的分离实现经营方式到分配方式的变革，是农业生产关系调整的核心内容，带动了整个农村生产关系的调整。以合同制为主要特征的联产承包制，赋予了农户生产经营的自主权，与单一的指令性计划体制是不相容的。随着农产品数量的大幅增加和商品交换的日益扩展，农产品统购统销的流通制度及对农村市场的严格限制被取消，合同订购和市场收购的多元流通体制的建立，对于恢复农村经济活力发挥着重要作用。同时，国家取消城市农产品统销政策，标志着解除了农民在城乡之间自由流动的限制，劳动力转移带动社会结构转型开始步入正轨。综上，承包责任制的兴起，经由一个承包合约，中国正式开始重建私人产权[①]，突破了人民公社时期单一的集体经济和集中经营方式，实现了集中统一经营和分散经营相结合的多种经济和经营方式并存的新局面，从而推动了商品流通和人口流动的体制性改革，从根本上改革了农村生产关系，适应了当时生产力发展条件。

3.4.4.2　1993—2012 年：家庭联产承包责任制的调整和完善

1993—2012 年，围绕农村土地承包期的长期稳定和用益物权的规范，联产承包责任制逐步完善发展。《中华人民共和国农业法》的颁布，对统分结合的双层经营体制、土地产权的划分及基本农田保护提出明确规定。1993 年，中央为改进土地承包频繁调整状况，稳定承包关系，提倡"增人不增地、减人不减地"的政策，将承包期再延长 30 年不变，并于 1998 年的《中华人民共和国土地管理法》的修订中将其上升到法律层面，以家庭经营为基础、统分结合的双层经营体制成为农村的基本经济制度且不断完善。1997 年第一轮承包期满后自然过渡到第二轮承包，并未发放承包证明和进行地块调整，体现了承包责任制的稳定性。随着工业化、城市化的快速发展，传统农业社会已发生深刻变革，转型为城乡二元社会结构，农民外出务工的增多，工资性收入逐渐取代经营性收入成为农民收入的主要来源，加剧了农业兼业化问题。由此，在保障农民对土地承包经营权的同时，中央开始鼓励各地探索转让、转包、互换等土地流转方式，以推进农业适度规模经营。进入 21 世纪以后，农村土地法制化管理不断规范，农民对承包地的用益物权得到法律的认定和保护。2002 年，《中华人民共和国农村土地承包法》正式通过，明确规定依法保护农民对承包

---

① 周其仁. 重新界定产权之路 [J]. 资本市场，2008，3（3）：45.

地使用权的长期稳定，作为农村集体经济组织成员对承包地合法权利的保护，以及依法、自愿、有偿地对土地承包经营权流转的权利，从而保障了土地承包经营权确权认证的顺利实施。随着城市化和工业化的快速发展，土地需求的日益扩大，在巨大利益的诱惑下，各地政府打开了土地财政的"阀门"，导致大量农地被非法占用，人均耕地面积从 1949 年的 2.71 亩下降到 2003 年的 1.43亩，耕地保护面临严峻威胁，暴露出基层政府对土地所有权的僭越和农民对承包经营权的弱势地位。对此，中央修正《中华人民共和国土地管理法》等法律，通过划定基本农田保护地块、完善征地补偿和安置制度等方式，促进耕地保护和合理利用，但违法违规使用农地、滥占耕地的现象并未得到有效遏制。2007 年，《中华人民共和国物权法》的颁布，将农民对农村土地的承包经营权和对农村集体建设用地的使用权确认为一种用益物权，依法赋予农民占有、使用、收益的权利，并保障被征地农民的合法权益，从财产权利实现的角度进一步促进了农村基本经营制度的长期稳定。[①] 从产权的收益来看，2005 年以后废止农业税以及"三提五统"税费改革，全面取消了农业税赋制度，使农业收入完全回归到农民手中，这也意味着集体所有权在经济上的实现方式也被取消，集体"统"的功能逐步丧失，承包经营权作为法律认可的用益物权，开始承载更多的权能。

3.4.4.3 2012 年至今：从两权分离向三权分置的深化改革

家庭联产承包、统分结合的灵活经营方式，允许生产力能动要素按照农业发展内在需要在经济组织之间进行合理流动，通过流动打破了不同地区和不同形式的所有制经济组织之间互相隔绝、孤立封闭的状态，改变了原有要素组合比例，产生一种新的发展动能，使得劳动力、土地、资本、技术发挥到最佳效益。[②] 但随着我国社会主义市场经济建设的深入推进，生产力在快速发展，市场环境也日趋成熟，原来为适应较低发展水平建立起来的集体所有制内部关系及经营组织方式已难以适应现代农业发展要求，要素市场发育的不完善阻滞了要素的自由流动，阻碍了土地流转、农业劳动力的进一步转移、资本深化及技术应用创新的进程，家庭承包责任制的产权效益逐渐释放殆尽，以此为基础的小农生产关系已经难以适应社会生产力和社会转型发展的需要。相比以农业技术进步为条件的适度规模经营的农业生产效率，小农分散经营优势已然丧失；在工农收入差距日渐拉大的背景下，务农成为一种高成本、低收益的劳动，小农经济内在局限性已经上升为主要矛盾，引致农村青壮年劳动力的大规模转

---

① 邵彦敏. 中国农村土地制度研究［M］. 长春：吉林大学出版社，2008.

② 朱剑农. 中国农村生产关系研究［M］. 北京：中国社会科学出版社，1989：56-57.

移，使农村"空心化"、农业兼业化和农民老龄化问题日益凸显，农业生产形成了以代际分工为基础的半工半耕的分工模式①，逐渐演化为"老人农业"，粮食生产效率低下，大量耕地撂荒成为普遍现象，"谁来种地"的问题成为新的历史条件下的重大课题，在集体所有制下改革"两权分离"的产权结构势在必行。

中共十八大以来，以承包地的"三权分置"改革为主线，农村土地制度改革推出一系列政策措施，推动农村改革取得重大突破，为实现乡村振兴打下了坚实基础。2012 年，《中共中央　国务院关于加快发展现代农业进一步增强农村发展活力的若干意见》提出，逐步完成对农村土地承包经营权的确权登记颁证。中央农村工作会正式提出"落实集体所有权、稳定农户承包权、放活土地经营权"的改革思路，鼓励支持承包地向专业大户、家庭农场、农业企业及合作社等新型农业经营主体流转，"三权分置"成为新时期农村土地产权制度改革的又一重大创新。2015—2016 年，中共中央、国务院先后印发的《深化农村改革综合性实施方案》和《关于完善农村土地所有权承包权经营权分置办法的意见》，对"三权分置"的内涵和具体实现方式作出界定。党的十九大报告提出，"巩固和完善农村基本经营制度，深化农村土地制度改革，完善承包地'三权分置'制度，保持土地承包关系稳定并长久不变"。2018 年，《中华人民共和国农村土地承包法》的修订，以法律形式为"三权分置"改革提供保障，界定了经营权的流转是以保有农民对土地承包权为前提，且经营权依法受保护并可以融资担保；同时明确了农民承包地的承包期届满后再延长三十年，保持土地承包关系的长久稳定。"三权分置"的确立，稳定了农民的土地承包权，促进了农地的流转，为农业适度规模经营、提高农业效率创造了条件。据统计数据显示，全国及各省（区、市）家庭承包耕地流转呈逐年上升趋势，截至2021 年全国家庭承包耕地流转面积超过 5.55 亿亩。农地承包权是集体经济组织赋予其成员的一种身份权，也是一种用益物权；土地经营权作为从承包权分离出来通过合约议定的使用权，其权能的实现受到前者的制约②。"三权分置"是在人地分离的格局下，兼顾集体经济组织、承包农户和农业经营者利益，对集体所有权和承包经营权的进一步细分，以此推动农业经营体制的变革，"龙头企业＋合作社＋农户""合作社＋基地＋农户"等改革模式如雨后春笋般层出不穷，带动了农村生产关系的新一轮调整，在一定程度上契合了当前农业生产力的发展需要。

---

① 贺雪峰，印子."小农经济"与农业现代化的路径选择——兼评农业现代化激进主义 [J]. 政治经济学评论，2015，6（2）：45-65.

② 刘守英，王佳宁. 长久不变、制度创新与农地"三权分置"[J]. 改革，2017（12）：5-14.

同时，农村集体产权制度改革同步推进，通过对集体资产进行清产核资，清查核实农村集体资产6.5万亿元，集体土地等资源65.5亿亩，确认集体成员9亿人。稳步推进农村集体经营性建设用地入市改革，赋能农民更多的土地财产权利，激活农村资源要素市场，为乡村产业发展、缓解城市用地紧张状况提供有力支撑。党的二十大报告提出，"深化农村土地制度改革，赋予农民更加充分的财产权益"，进一步明确了新征程农村改革工作的方向。巩固提升农村土地产权制度改革成果，发展壮大新型农村集体经济，一幅改革赋能、产业发展、共同富裕的乡村振兴画卷正在徐徐展开。

3.5 四川农村土地产权制度改革的实践

四川地区自古以来就是我国人口及农业大省，新中国成立以来，关于四川农村的一系列现代化变革对全国范围内改革发展产生了深远且积极的影响。关于新中国成立以来四川不同阶段的农村土地制度改革，本书将借鉴我国农村土地制度改革历程进行详细阐述。

3.5.1 农村土地改革时期（1949—1952年）

二十世纪以来，土地改革作为中国共产党领导新民主主义革命重要内容，是共产党人从变革农地制度入手变革中国农村面貌的重要举措，也是进而变革中国社会面貌的关键环节。新中国成立之初，党中央提出为了实现国家由新民主主义社会过渡到社会主义社会，就必须对土地制度再次进行改革，改变农民土地私有制度。1950年6月，刘少奇在《关于土地改革问题的报告》中指出："废除地主阶级封建剥削的土地所有制，实行农民的土地所有制，借以解放农村生产力，发展农业生产，为新中国的工业化开辟道路。这就是我们要实行土地改革的基本理由和基本目的。"随后中央人民政府委员会第八次会议通过《中华人民共和国土地改革法》（简称《土地改革法》），并于同月30日公布施行，文件规定废除地主阶级封建剥削的土地所有制，实行农民的土地所有制。这为四川地区农村土地改革做了政策和法律上的准备。

虽然四川地区通过土地改革这一"关键一招"实现了农村土地制度、阶级关系、政治格局等农村社会重大变革，但是其过程并不顺利。由于西南地区新生政权基础未稳，民众尚未发动，刘少奇在《关于新解放区土地改革、减租减息和征收公粮的指示》中提出，贵州、云南、四川、西康在1950年以前不实行分配土地的改革，1951 年秋后由各省政府决定实行。1951 年初，四川地区（包括今四川省和重庆市）在清匪反霸、减租退押等农村反封建斗争顺利结束后逐步开始土地改革。邓小平、刘伯承等西南区党、政、军领导人又多次主持召开西南军政委员会行政会议，讨论通过了西南各省（区、市）制订的《土地改革实施办法》。受到不同少数民族地区的清匪反霸、减租退押斗争进度差异的影响，另外农村政权与农会组织建设，农民群众的发动、组织和阶级觉悟程度参差不齐，无法在整个西南地区全面展开土地改革，相关领导人决定"运用典型试验然后推广的办法"，实行由点到面、点面结合、稳步推进、分期分区，逐步完成土地改革的方针政策。四川地区的土地改革运动从 1950 年 11 月至1952 年 5 月大致可分为三期，完成了 130 个县、7 个市以及 7496 个乡（占四川地区总乡数的 94.12％）和 5403 万人（占总人口的 98.6％）所在地区的土地改革任务[1]。第一期土地改革是试点阶段：四川划分为川东、川南、川西、川北四个行政区，每个行政区用一至两个点来进行试点工作，到 1951 年 4 月底结束试点工作。主要由上级土地改革干部和积极分子组成土地改革工作团，深入试点乡镇进行土地改革试点。在试点中，广泛宣传党的政策法令，深入发动群众，整顿健全农协组织，划分阶级成分；没收地主土地；分配地主的土地和财产；处理土地改革中的遗留问题，建立健全乡、村政权，农会、自卫队组织，青年团组织，落实管制不法地主等。这次试点工作的重点是了解和掌握土地改革运动的规律、特点。第二期土地改革运动从 1951 年 5 月开始，至 1951年 10 月基本结束，完成了 2476 万人口所在地区的土地改革。本次土地改革除土地的分配外，加大了对地主财产的没收力度，所有贫雇农都分得了一份接近平均水平数的土地，土地的 80％已经转到中农、贫农、雇农手中。同时，工作队还根据《土地改革法》《中央人民政府关于划分农村阶级成分的决定》和"补充规定"，对农村阶级成分进行了划分，各地相继成立了以贫协为主的"人民法庭"，召开公判会和诉苦会。第三期土地改革始于 1951 年 10 月，1952 年5 月结束。这次土地改革的规模最大，几乎等于前两期土地改革地区数量的总和。四川土地改革历时一年半，经历三个时期，通过没收地主的土地房屋，征收富农多余的土地房屋，彻底废除了封建地主土地所有制和封建租佃关系，从而实现了中国农民几千年来一直期盼的"耕者有其田"的理想，深刻改变了四川农村经济格局。就全省来讲，3600 多万无地、少地的贫、雇农，共分得了4700 多万亩土地、8800 多万件农具、25 万头耕牛、1200 多万间房屋、1.5 亿

---

　① 洪鉴，徐学初. 建国初期四川的土地改革与乡村社会变动——当代四川农村现代化变革之个案分析 [J]. 西南民族大学学报（人文社会科学版），2010（12）：7.

多公斤粮食，贫农的土地由 0.5 亩增加到 1.6 亩，地主的土地由人均 14.59 亩下降为 1.47 亩[①]。土地改革的胜利，结束了中国两千多年的封建制度，广大农民从地主手中分得了土地和生产资料，解放了农村生产力，极大地调动了农民生产积极性，迅速掀起了恢复和发展生产的热潮，为新中国成立后四川地区整个国民经济的全面恢复发展和社会进步奠定了基础。

3.5.2　农业合作化时期（1952—1978 年）

随着四川在 1952 年顺利完成土地改革运动，摧毁了封建制度的经济基础，极大地解放了农村生产力，改善了农民群众的家庭经济状况和生产生活条件，促进了农村经济迅速走向恢复和发展，为四川迈入农业合作化时期奠定了坚实基础。在此期间，四川经历了 1957—1966 年重要的"十年建设"时期与 1966—1976 年的"文化大革命"时期，这是中国共产党领导全国各族人民探索中国社会主义建设道路的重要历史时期。

1952 年 11 月，四川根据中共中央关于"在群众有比较丰富的互助经验并有比较坚强的领导骨干的地区，有重点地发展土地入股的农业生产合作社"的指示精神，开始在全省范围内逐步推动初级农业合作社的建立。同年，成都市禾登乡试办了以新民村罗世发互助组为基础的农业生产合作社，它是四川第一批初级农业合作社之一。1953 年 12 月，中共中央发布《关于发展农业生产合作社的决议》，四川深入贯彻执行中央的指示，于 1953 年冬至 1954 年春，大规模地宣传党在过渡时期的总路线，掀起开展农业合作化运动的热潮。至 1955 年 3 月，以成都市为例，已初步实现市郊农村的农业合作化。1955 年 7 月，毛泽东在省、市、自治区党委书记会上作了《关于农业合作化问题》的报告，指出农村合作的社会改革的高潮有些地方已经到来，全国也即将到来。同年 10 月，中共中央在北京召开七届六中全会，通过了《关于农业合作化问题的决议》，要求到 1958 年春在全国大多数地方基本上普及初级农业生产合作社，实现半社会主义化。自此，全国农业合作化运动进入急速发展的高潮时期。1956 年 1 月，《全国农业发展纲要（草案）》公布后，四川第一个高级农业生产合作社——新繁县禾登乡新民高级农业生产合作社宣布成立，四川地区随即掀起大办高级社的热潮；1956 年 9 月党的八大以后，四川极力探索实行扩社、并社和升社等扩大农业生产合作社规模的工作，要求在平坝地区，每乡可试并一个 200~300 户的大社作为试点。以成都市为例，1956 年底已基本完

---

① 张孝理. 四川省农业合作经济史料［Z］. 成都：四川科学技术出版社，1989.

成对农业的社会主义改造。1958 年 3 月，毛泽东在中共中央召开的成都会议上提出了小社并大社的建议，认为由规模较小的合作社合并而成的大社，是农业生产"大跃进"的有效组织形式，并且提出"鼓足干劲、力争上游，多快好省地建设社会主义"的总路线。4 月，中共中央发布《关于把小型的农业合作社适当地并为大社的意见》，提出"为了适应农业生产和文化革命的需要，在有条件的地方，把小型的农业合作社有计划地适当地合并为大型的合作社是必要的"。5 月，中共中央召开党的八大二次会议，通过了这条总路线。随着宣传贯彻总路线运动的蓬勃展开，四川地区也逐步开始进行"大跃进"和人民公社化运动，以成都市为例，逐步将郊区（今金牛区）农村原来的 13 个乡合并为 5 个乡，按每乡一社的原则，将原来的 13 个乡、8 个国营农场、71 个合作社统一规划、合并为 5 个人民公社。至 9 月 30 日，成都全市农村全部实现了"人民公社化"。目前看来，四川地区在当时"大跃进"背景下，提出了忽略客观可能、脱离农业生产实际、忽视农业生产自然规律的生产计划和产量，影响了后来的农业生产，造成群众生活困难。但是，人民公社运动在客观上推动了生产关系方面急于向更高级形式的过渡。如 1957 年冬季全面开展的以必修水利、改造低产田土为主要内容的农业生产运动和"千斤粮、百斤棉、万斤蔗"丰产运动，因其"大兵团作战"需要跨社、跨乡、跨区甚至跨县地大规模平调劳动力，所以在客观上提出建立更大规模农业生产合作社的要求。在此期间的农村土地制度受到人民公社运动的影响，已经呈现出高度的集中统一与平均主义特征，即使党和国家随后对人民公社的管理体制和利益分配机制进行过多次调整，还是难以改变"一大二公"和"政社合一"这两个基本的制度特征。

　　按照"一大二公"的原则，四川在 1958 年建立人民公社初期，一是采取了"拉齐补平"的原则，将原来经济水平不等、贫富差距较大的各高级社（生产队）合并起来，实行"穷社富社的产"。各合作社原有的土地、公共财产、公共积累、储备粮、劳动力和农产品等一切生产资料和生活资料，均按照"多不退，少不补"的平均主义原则，一律上交给公社统一管理和支配；原高级社社内、社外的债权和债务，也一律交公社统一处理。对于社员原来私有的自留地、屋基地、牲口畜禽、成片竹木、家庭副业等，也按照"消灭私有制残余"和拉平贫富、"不算旧账"的原则，一律折价转归公社公有。在公社范围外，则开展"共产主义协作"，在县内或县外无偿调用物资、劳动力甚至社员的房屋、家具。另外，出于迅速"向共产主义过渡"的需要，人民公社还曾一度取消评工记分和按劳分配的原则，由公社统一核算和分配，"统负盈亏"。二是生产生活的集体化。人民公社提倡组织军事化、行动战斗化和生活集体化。因此，在组织社员生产劳动时，曾一度实行大兵团作战和人海战术的方法。三是

"共产风"和"一平二调"。在农村人民公社化运动中，普遍盛行"共产风"，大量地无偿平调集体和社员个人的土地、房屋、耕牛、农具、毛猪、资金、家具、竹木、蔬菜等资产。

1960年夏初，毛泽东等中央领导人开始认识到"大跃进"和人民公社化运动已经造成了国民经济困难的严峻形势，着手纠正失误调整政策，整顿与恢复国民经济。四川从1960年冬开始，结合整风整社运动，开始探索扩大生产队经营自主权，调动生产队和社员农业生产积极性的问题，在调整社队规模、改革人民公社的经营管理体制方面作出了积极贡献。以成都市为例，1960年探索农村各人民公社重新给社员划拨自留地，恢复自留地制度，同时，还把"人民公社化"时期收归集体的田坎也划给社员耕种，并明确宣布：社员在自留地和田坎上所收获的农作物，全部归社员私人所有，不计入分配产量，不顶口粮，不计入征购任务。1961年起，成都市开始在各农村人民公社逐步实行生产劳动的定额管理和奖评制度，恢复劳动评工记分、计划管理、财务管理和物资管理等制度；在农业生产制度上，先是各地自发地实行"包产到户"，后经组织领导，逐步建立各种形式的"包、定、奖"生产责任制，极大限度地调动了社员群众的生产劳动积极性。1962年3月，四川省委根据中央《农村人民公社工作条例（修正草案）》第四十条的内容，正式提出给社员群众增拨自留地，并规定社员的自留地面积可占生产大队田土总面积的7%。贯彻执行中央和省委指示，成都市再次宣布：社员的自留地归社员家庭使用，长期不变。对社员的自留地，以生产队为单位按人口平均划拨，根据人口变动，在保持生产队自留地总面积不动的前提下，实行抽多补少的办法进行调整。调整后，社员的自留地一般占生产队田土总面积的5%～7%，长期归社员家庭使用。同时，允许或鼓励生产大队、生产队以及社员群众恢复和积极发展多种经营和家庭副业，实行公私并举、以私养为主的养猪政策，并逐步重新开放农村集市贸易。同年9月，根据中共八届十中全会正式通过的《农村人民公社工作条例（修正草案）》，确立了"三级所有，队为基础""政社合一"的经营管理体制。

3.5.3　家庭联产承包责任制时期（1978—2012年）

1976—1978年，中共四川省委提出了农村经济工作"放宽政策、休养生息"的方针，重点是"拨乱反正"。1978年，四川省委对农村经济政策作出规定，提出推行"包工到组"，建立"五定"生产责任制；鼓励社员经营自留地和家庭副业；不轻易搞所有制升级。根据相关年鉴数据，此时四川农村居民家庭人均经营收入为52.28元，家庭人均纯收入仅为127元。对此，在保证集体经济占优势的前提下，允许和鼓励社员经营少量自留地和正当的家庭副业，初步理顺了国家、集体和社员各方面的经济关系，调动了农民群众的生产积极性。

　　四川作为全国较早、较彻底推行农业生产责任制的省份，相关实践探索最早可以追溯到 1976 年 9 月，蓬溪县群利公社九龙坡大队的两个生产队就进行了"包产到户"试点，拉开了我省农村生产关系大变革的序幕，与小岗村的"包产到户"不同的是，九龙坡大队的"包产到户"是公社党委书记支持的调动农民生产积极性，解决群众温饱问题的积极探索；到 1979 年秋，蓬溪县开始推行"包产到户"责任制，成为全省较早全面推行联产承包责任制的地方，为四川全面实施家庭联产承包责任制作出典型示范。与九龙坡大队相似的是广汉金鱼公社十一大队，社员于 1976 年将生产队所有的土地均分了，社员拥有土地经营权，收成归自己所有。1978 年，广汉金鱼公社的 4 个大队 116 个生产队在四川省委的支持下，积极探索推行"分组作业、定产定工、超产奖励"改革试点，即每个组在完成产量指标后，超产部分按一定比例奖励给该组社员，把生产的主动权重新交还给农民，探索出一条"包产到组、联产计酬"的运行模式并取得成功，极大地调动了农民的生产积极性。当年，金鱼公社粮食净增产 250 多万公斤，比上年增长了 22.5%，被写入当年 11 月中央工作会议讨论通过的《关于加快农业发展若干问题的决定（草案）》中。随后，四川地区广泛推广金鱼公社的改革经验，根据有关数据显示，1979 年 7 月四川实行包产到组的生产队多达 30 万个，占生产队总数的 57.6%。1979 年 11 月，四川省委出台《关于进一步落实农村政策使生产队逐步富裕起来的意见》，明确提出，一些集体多种经营项目，可以包产到专业组、专业户、专业人员，实行奖赔责任制；还可以划出一部分零星、边远瘦薄地，按常年产量包到户经营。这是全国首次在省委正式文件中提出包产到组、包产到户和发展专业户，极大地促进了农村干部的思想解放，为推动家庭联产承包责任制打开了禁区。

　　1981 年 2 月，四川省委提出三种不同类型的地区可分别采取三种不同办法：一是条件好的地方，主要实行大田包产到组；二是长期贫困落后的地区，放手搞包产到户或包干到户；三是中间状态的地区，推广联产到劳和"水统旱包"责任制。在贯彻执行中，各地普遍实行包产到户、包干到户，截至当年年底，四川全省实行以户营为主责任制（包括包产到户和包干到户、联产到劳）的生产队达到 84.4%。1982 年中央一号文件肯定了包产到户、包干到户都是社会主义集体经济的生产责任制。四川省委明确提出，完善稳定农业生产责任制的重点应放在包产到户、包干到户这两种责任制上。广大群众认为，包干到户简便易行、利益直接，"除了国家的，留够集体的，剩下都是自己的"，于是包干到户成了主要形式。截止到 1984 年 3 月，全省实行包干到户的生产队达到 99.5%，基本上全面实行了包干到户。家庭联产承包责任制推广实行稳定后，单家独户从事小规模农业生产的弊病开始显现，同时农村劳动力出现大量剩余。1982 年初，四川省委强调，要处理好统与分的关系，明确提出十个具体方面的统一。1987 年，四川省委进一步强调，要搞好基层合作经济组织建设，使农民家庭经营的积极性和集体统一经营的优势都得到充分发挥。从1982 年党和国家肯定家庭承包责任制后，四川农村居民家庭人均经营收入迎来一波大增长，增长率突破 99.3%；直至 1990 年，四川与全国家庭承包经营体制逐渐稳定时，四川农村居民家庭人均经营收入与人均纯收入分别为 440.94 元与505.15 元。2001 年，四川省委印发《关于积极稳妥地推进农村土地经营流转的通知》，明确提出，在坚持所有权、稳定承包权的前提下，放活农村土地经营权，允许和鼓励城乡企事业单位和个人到农村经营土地，发展农村经济。2000 年与2010 年，四川农村居民家庭人均经营收入与人均纯收入的十年增长率分别为：2000 年为 170.82% 与 276.84%，2010 年为 59.52% 与 167.22%。

3.5.4 "三权分置"下的农村产权制度改革时期（2012 年至今）

改革开放以来，四川农业投资量在土地承包经营期限约束条件下的激励不足，另外在家庭承包经营制度的全面推进下，农村土地使用权分配方式严格采用人均分配，随着农村人口的增加，四川农村土地细碎化经营格局不断加深，严重限制了农村土地规模效益的获取与农业劳动生产率的提升。伴随改革开放带来的市场经济繁荣发展，四川人多地少的基本省情进一步促使农业兼业化与农村劳动力非农化现象的产生，农村土地撂荒或隐性撂荒现象大大影响了国家的重要农产品供给。综上所述，要缓解谁来种地与怎么种地的现实阻滞，亟须推动农村土地制度"两权分离"到"三权分置"的转变，促进农村土地流转市场的良效运转。而稳定土地承包权作为"三权分置"改革的基础，其核心要义是完成土地确权，为此，四川于 2008 年启动农村土地承包经营权确权登记颁证试点工作；1 月，成都率先在全国启动以"还权赋能""保护耕地"为核心的农村产权制度改革，首先完成"确权颁证"，以此为基础，建立健全归属清、权责明确、保护严格、流转顺畅的农村产权制度。同时，这也是保证土地基本生产要素在城乡自由组合与配置过程中，农民主体基本权益不受损害的制度支撑。同年，党中央十七届三中全会进一步强调，要赋予农民更加充分而有保障的土地承包经营权，现有土地承包关系要保持稳定并长久不变；做好农村土地确权、登记、颁证工作。2010 年，成都基本完成农村土地确权颁证相关工作；2011 年，绵阳市安州区、江油市承担全国确权登记试点；2012 年，全省土地承包经营权确权颁证试点扩大到 55 个县（市、区）。

党的十八大以来，党和国家在推进农村深化改革领域不断加强对农村土地制度改革的关注。2013 年，党的十八届三中全会重点提出推进农村土地制度改革步伐，进一步强调农村改革目标，拉开了我国全面深化改革的时代序幕；同年，习近平总书记在中央农村工作会议上明确提出，顺应农民保留土地承包权、流转土地经营权的意愿，把农民土地承包经营权分为承包权和经营权，实现承包权和经营权分置并行，这是我国农村改革的又一次重大创新。2014 年中央一号文件进一步指出，要完善农村土地承包政策，"在落实农村土地集体所有权的基础上，稳定农户承包权、放活土地经营权"，标志着农村土地产权制度由"两权分离"向"三权分置"的转变。四川在相关顶层设计的指导下采取多举措推进农村土地制度改革，聚焦激活农村内生发展动力，2014 年被列为全国首批 3 个整体推进试点省之一，遵循"试点先行、稳步推进、保持稳定、农民满意"的原则，在稳固此前试点成果的基础上，分 55 个省级试点县、60 个重点推进县、49 个其他县三个类别，梯次推进，采取"抓关键环节，保证确权登记工作有序推进；抓全程控制，确保确权登记成果质量；抓检查验收，提升农民对确权登记的满意度；抓涉密防控，保障国家基础地理信息资料安全"等实施措施，明确了农户承包地的位置、面积等信息，2016 年四川省确权登记工作基本结束。同年，中共中央、国务院印发了《关于完善农村土地所有权承包权经营权分置办法的意见》，明确提出坚持土地集体所有权根本地位、严格保护农户承包权、加快放活土地经营权、完善"三权"关系，"三权分置"改革成为继家庭联产承包责任制后农村改革又一重大制度创新，也是中央关于农村土地问题出台的又一重大政策。

相关数据表明，截至 2017 年，全国 2.3 亿农户中流转土地农户超过 7000 万，占有率达到 30.43％，同时四川作为我国农业大省之一，耕地流转率也达到 34.9％，土地实际经营主体难以享受权能保障。党和国家此时推动"三权分置"改革政策，实现农村的土地集体所有权、农户的承包权与经营权"三权"分置并行的格局，有效处理好了农民与土地的关系。2017 年，四川省委印发《关于完善农村土地所有权承包权经营权分置办法的实施意见》，正式拉开四川农村土地"三权分置"改革的大幕。本次"三权分置"改革旨在落实好集体所有权，坚持农村土地集体所有制不动摇；稳定农户承包权，赋予农民对承包地占有、使用、收益等用益物权权能；放活土地经营权，创新土地经营权流转模式，推行由农民一次性出租让渡土地经营权向入股经营、合作经营等共享土地经营权方式转变，形成农村土地集体所有、家庭承包、多元经营的新型农业经营机制；关于"放活土地经营权"为重点的深化农村改革内容，四川早在 2014 年就已开展相关试点并明确相关方向。

具体而言，四川在"三权分置"改革进程中实际实施了以下措施：第一，完成农村土地确权登记颁证工作，在巩固原有改革成果的基础上，全面做好农村土地承包经营权确权登记扫尾任务，统一规范制证颁证内容，建立完善承包合同确权登记制度；建立健全省、市、县土地承包管理信息系统，确保确权登记成果共享。第二，建立经营主体政策扶持体系，统一规范农村土地流转市场标准，稳健引导土地经营权向新型农业经营主体规范有序流转，同时对新型农业经营主体所需的金融、生产资料、项目扶持等生产要素进行必要的政策扶持，鼓励农民将闲置土地经营权、资金、技术等多种要素，通过多种合作形式与其他新型农业经营主体建立紧密的利益联结机制。第三，构建流入方资格审查制度，重点审查流入方的主体资质是否符合本区域产业布局和现代农业产业发展规划。对不同土地流转规模交由不同政府进行审查核实，未经审查或经审查不符合相应条件的租赁农地的工商企业不得享受相关产业扶持政策。支持工商企业流转农户承包地用于发展企业化经营的现代种养业，鼓励开发农村四荒地资源发展多种经营。第四，建立健全风险防范机制，此举主要是推动农村土地流转市场规范化标准的形成，提倡先交租金后用地与倡导实物计量货币支付，工商企业租赁农地，提倡租金以黄谷等实物计量，按照当年当地市场中间价折算以货币支付为主要方式。探索建立土地流转风险防范机制。鼓励有条件的县（市、区）探索建立土地流转风险保障金制度和土地流转履约保证保险制度。建立土地流转复耕制度，在流转合同中约定复耕责任，鼓励有条件的县（市、区）根据产业发展情况建立流入方缴纳一定复耕金和政府补助相结合的复耕制度，确保耕地及时复耕，保护耕地质量。第五，建立土地经营权流转动态监测制度，建设手持土地流转信息采集系统，开展利用手机等移动终端实地采集流转地块所有信息试点，逐步实现对流转土地的动态监测、实时监管，保障土地经营权流转规范有序。

截至 2018 年末，四川基本完成了集体土地所有权、集体建设用地使用权、宅基地使用权确权任务，全省农村土地承包经营权确权率达 93.1%，承包耕地流转率达 39.5%，土地规模经营率达 25.2%。以"大园区＋小业主""股份合作社""共营制"等为代表的农业经营模式大量涌现，崇州"合作社＋职业经理人＋社会化服务"、温江"两股一改"＋"两放弃三保障"、永安"大园区＋小业主"、汤营"股田制＋集体农业企业"等承包经营权流转模式创新层出不穷，占补平衡与挂钩指标，城乡居民联建、跨市县交换统建土地指标等集体建设用地流转模式，取得了积极成效，为农村土地制度改革总结出一系列可供推广复制的宝贵经验。

第4章　新时代四川农村土地产权制度改革的典型案例

四川作为我国农村改革重要发源地之一，从广汉向阳的"中国农村改革第一乡"，到成都的全国统筹城乡综合配套改革试验区，再到彭山的全国农村改革综合试验区，从不同时代视角为全国农村改革实践作出了先进示范，提供了丰硕的探索经验。特别是党的十八大以来，四川农村改革基于"三权分置"的土地产权格局，不断推陈出新，由点及面地试点改革，形成了一批可复制、易推广的经验及模式，成为全国农村土地产权改革的"样板"。

4.1　股份合作

股份合作模式是指农民将自己的土地经营权转化为股份，投入集体经济组织，这种转变使农民不再是单纯的土地经营者，而是成为集体经济的参与者和受益者，能够享受土地经营带来的更多收益。土地经营权转化为股份后，集体可以将土地集中起来，由合作社或企业进行统一规划、统一经营，有助于实现土地的规模化、专业化经营，提高土地的产出效益和经济效益，促进土地资源的优化配置和高效利用。

4.1.1　农业共营制——崇州模式

崇州是四川省粮食生产的重点区域，面对大量青壮年劳动力外流和土地细碎化经营造成的土地撂荒问题，当地村集体积极寻求与农业公司合作，希冀通过规模化流转和集约化经营提高农业生产效率。然而，面对公司经营的失利和承包户不愿收回自耕的窘困，倒逼当地村集体"兜底"实施新一轮改革探索，创立了以土地股份合作社、农业职业经理人和农业综合服务为核心的"三位一体"农业经营新模式，解决了农业经营、耕种和服务的核心问题，推动了农业的规模化、现代化发展。

第一，崇州市通过推进土地股份合作经营，有效解决了"农业谁来管"的难题。以农村土地承包经营权的确权登记为基础，成立股份合作社，将农民的土地承包经营权转化为股份，实现农业合作社的专业化、法人化治理。通过公开竞聘农业职业经理人，形成新型管理机制，合作社的收益分配机制充分保障农民利益，既稳定收益又激发积极性。这一模式引导农民自愿入股，成立土地股份合作社，由合作社董事长管理，并由董事会决策、职业经理人执行、监事会监督，实现科学农耕。合作社采用合理的收益分配比例，辅以超产分成等方式，确保入社农民获得稳定收益。

第二，崇州市积极提倡职业经理人种田，构建新型职业农民培育体系，解决"谁来种田"的问题。建立了全方位的职业农民培养体系，涵盖大学毕业生、返乡农民工和农业技术人员。同时，完善农业职业经理人的评价、管理和激励机制，打造专业化的农业经营管理团队。政府出台支持政策，建立"双元培养"机制，培养各类农业人才。此外，建立农业职业经理人的晋升、管理和考核体系，并搭建支撑平台，提供政策、社保和金融支持，为农业职业经理人的发展保驾护航。这一系列措施共同构建了新型职业农民培育和服务体系，为农业发展提供有力的人才保障。

第三，推进农业服务社会化，解决生产中"谁来服务"的问题。采用政府引导、市场参与、多元化合作的方式，构建集农业科技、综合服务、品牌服务、金融服务于一体的农业综合服务体系，不仅提升了农业的科技含量和附加值，而且促进了农业与第二、三产业的融合发展，为农业的持续健康发展提供了有力保障。一是农业科技服务体系。依托"一校两院"，建成农业专家大院，组建了农业专家团队和科技推广队伍，建设农业科技服务总部基地。二是农业综合服务体系。开展政府购买公益性服务试点，提升基层公益性农业综合服务能力；引入社会资本参与，打造"一站式"社会服务超市；发展粮食烘干、仓储、加工、销售等业务，在全市建设农资服务超市，为农业生产提供"一站式"服务。三是农业品牌服务体系，通过品牌打造，形成"农产品品牌+农村电商"的服务体系，推出特色电商品牌，构建农产品的可靠销售渠道。四是农村金融服务体系，建设"互联网+农村金融"和"农贷通"平台，探索形成农村产权抵押融资交易服务、融资担保、价值评估、风险防控、金融服务、政策支持"六大体系"，畅通金融资本注入农业全产业链的发展渠道。

4.1.2　股份合作制——温江模式

温江区作为全国农村集体资产股份制改革试验区，全面推进以确权为基础、以赋权为核心、以维权为重点的股份合作制改革。2020 年，温江区被农业农村部纳入第二批全国农村集体产权制度改革试点典型区县。

第一，积极开展确权工作。一是提倡"多权同确"。2008 年以来，按照"应确尽确、程序合法、五个一致、群众满意"的要求，建立了"五锁八步工作法"的操作规范和路径，开展集体土地确权工作，扎实推进合同管理，实现农村土地经营权、农村集体资产股权等"六权"同确；2015 年，对农村土地经营权、农业生产设施所有权、农村养殖水面经营权、小型水利设施所有权、经济林（果）权"新五权"进行确权登记发证，实现规范管理。二是落实"三个固化"。依据会计凭证、会计事实、账目、会计报表"四一致性"标准，全面开展集体资产清算和验资，通过"原始取得、合法取得、申请取得"三种方式认定集体经济组织成员。以"股权到户、户内继承、社内流转、生不添死不减"方式构建农村集体资产股权管理机制，形成集体资产的"长效决议"。通过召开村民会议，确定资产、集体经济组织成员和集体股权。三是深化"两股一改"。深化集体资产股份化、集体土地产权化、传统集体经济组织改造，建立镇（街道）、村（社区）、小组各级股份制经济合作组织 1234 个，发行股票 71000 份。温江区农村发展局统一为股份制经济合作组织申领集体经济组织证书，确立其市场主体地位。

第二，拓展集体股权价值。一是开展农村集体资产股权质押贷款试点。集体经济组织与股东可以根据股份的预期年收益相互担保融资，具有集体经济组织成员身份的继承人通过股权继承享有股权身份权和收入分配权，非集体经济组织成员的继承人仅享有股权收益分配权。二是建立多层次产权交易机构。成都农交所温江分公司成立，构建区、镇（街道）、村（社区）三级机构和"一中心四机制"（产权交易服务中心，产权价值评估机制、融资服务机制、风险防范机制和抵贷资产收储处置机制）。建立多功能"农贷"平台，运用"互联网＋农村金融"模式，整合农村产权交易认证、评估、担保、保险、风险分担、采购仓储、仲裁、处置等业务流程，构建政策支持、统筹融资、风险共担、信用信息共享体系。

第三，健全监督管理机制。一是建立农村集体"三资"监督机制。运用"互联网＋"信息化手段，以"四化一平台"（管理规范化、制度化、程序化、常态化、集体"三资"监管平台）为重点，推出"农村集体经济组织财务管理系统"，将集体"三资"、成员名册、股权量化等信息录入系统，实现区、镇、村三级数据实时互通和在线监管。二是建立"政经分离"的基层治理机制。探索推进以党组织为核心，自治组织、经济组织、社会组织协同参与的基层治理机制。由村（居）委会负责社会管理和公共服务，集体经济组织自主经营和管理集体资产，实现机构、职能、财务分开。三是完善公司治理机制。建立股东（代表）会、董事会、监事会"三会"分开的管理制度，以及以股东知情权、参与权、表达权和监督权"四权"为核心的民主监督机制。在此基础上，鼓励集体经济组织与其他市场主体联合合作，发展资产盘活、资源开发、农村服务等集体经济。

4.1.3　承包经营权入股公司——汤营模式

汤营村是一个典型的人口密集而土地资源有限的村庄。在 2005 年之前，汤营村主要以户为单位进行分散耕作，这种小规模、碎片化的农业生产方式不仅经济效益低下，而且制约了农业产业化和现代农业的发展步伐。由于农业种植效率不高，大量土地被闲置，土地撂荒现象严重，亟须进行农村土地制度改革。

第一，土地承包经营权入股。2005 年，在当地政府支持和村民同意的基础上，汤营村村民按照自愿入股、民主的原则，利用自己的土地承包经营权入股，村集体通过土地整理新增耕地入股。由邛崃市兴农农业发展有限公司（以下简称"兴农公司"）出资 100 万元，三方共同组建邛崃市汤营农业有限公司（以下简称"汤营公司"），其中村民获得 47％的股份，拥有 1000 亩土地的承包经营权，村集体以 60 亩土地收购 3％的股份，兴农公司出资 100 万元收购 50％的股份。公司同意将营业利润的一半用作生产和开发资金，另一半用作分红资金。用于分红的利润，村民和村集体占 50％，汤营公司占 50％，兴农公司不派息。公司利润积累到一定程度后，村集体用公司利润等额回购兴农公司投资的创业投资，作为村集体股份，回购完成后，兴农公司退出汤营公司。农民每亩土地每年保障收入为黄粮 600 公斤，入股农民可以选择外出务工，也可以选择在汤营公司工作。同时，为减少经营风险给农户股东造成的损失，公司每年从经营利润中提取 5％，设立风险保证金，当出现经营亏损时，村民土地的保底收入将从中扣除。

第二，发展规模经营。兴农公司入股汤营村耕地后，结合当地实际，对集中土地进行统一规划、集中种植。通过集中运营，促成标准化西瓜种植基地、药材基地、优质粮油基地的大量发展，同时建成农村大型生猪养殖基地，股东达到 200 余户；坚持项目化运作，为当地发展特色农业、实现规模经济奠定基础。汤营公司以市场为导向，以龙头企业为依托，以科技为支撑，以项目为载体，实行产业化经营、标准化生产。通过订单合作，建立标准化芦笋种植基地，有效降低农业生产成本，增加农民的收入，同时，大力拓展销售渠道，确保农产品销量增加。

第三，设立"村企一体化"管理模式。汤营公司成立后，立足当地实际，以提高经济效益为出发点，实行"村企一体化"管理模式，制定了公司章程、公司财务收支制度，以此来健全管理制度。设立了股东代表大会、董事会和监事会，实现严格监督，汤营公司法定代表人由汤营村党支部书记担任，村集体主要骨干人员共同负责经营。同时，政府和财政部门对其运营进行监督，并严格执行收支制度，定期召开股东大会，定期向外界披露公司财务状况，接受全体股东的监督。

4.1.4　承包经营权入股合作社——翠屏模式

作为中国早茶之乡及四川农村改革的重要试验区，翠屏区积极放开农村土地经营权，全力推进茶叶全产业链的融合发展战略。通过精心打造生态茶园，翠屏区不仅显著提升了早茶产业的规模和品质，还使茶叶出口量持续保持全省领先地位。

第一，盘活土地资源。翠屏作为全省首批开展农村土地承包经营权确权登记的试点地区之一，以土地经营权放行为突破口，确认、授予物权，颁发证书，一方面保证了农民的收益，另一方面便于管理。翠屏通过改革，完善产权流转交易平台，扎实开展农村土地承包经营权确权发证工作，确定家庭承包面积 68.9 万亩，发放证明 11.3 万份，赋予农民农村承包地处置、收益、抵押等权能，把"账本"变成"资本"。大力培育和引导新型经营主体通过土地流转盘活农村土地资源，发展适度规模经营。全区累计流转土地 11.67 万亩，建设生态早茶基地 10 万亩，培育市级以上茶叶龙头企业 6 家、茶叶专业合作社 23 家。设立政府风险补偿基金 800 万元、农业科技产业发展专项资金 2000 万元、农业科技推广基金 3800 万元，构建"五方合作机制"，促进政府、银行、企业、合作社、保险信托公司等多方主体的合作，有效盘活集体资产资源。

第二，打造生态产业。翠屏区注重茶叶产业的生态化建设，通过推广绿色种植技术和生态管理模式，打造了高品质的生态茶园。这不仅提升了茶叶的品质和口感，也增强了茶叶的市场竞争力。同时，积极推动茶叶全产业链的融合发展，将茶叶种植、加工、销售等环节紧密衔接起来，形成完整的产业链条。

这不仅提高了茶叶的附加值，而且促进了农村经济的多元化发展。

第三，拓宽增收渠道。翠屏区将龙头企业、合作组织和农民利益联结，探索土地入股、订单生产等多种增收模式，确保农民持续稳定增收。一是土地投资增加收入。引导农民利用土地承包经营权投资合作社，把土地资源变成资本，农民变成股东，提高农民经营效率。发展宜宾市翠屏区鸿鑫种植养殖专业合作社，引导农民自愿用土地经营权入股，流转土地近5000亩。农民将确定的土地按评估价2万元/亩入股合作社，农民变股东，共享土地增值收益。每亩土地股份为4500元/年。二是通过订单合作增加收入。农民与专业合作社签订生产订单，实行品种、管理、销售"三统一"，实现专业合作社间接土地流转管理。国家级合作社明清合作社采取"合作社＋农户"模式，与36户农户签订茶叶生产订单，实现家庭年均增收3000元。三是企业与社会共建增收。金秋茶叶专业合作社与四川省茶叶集团股份有限公司共同投资设立宜宾金秋茶业有限公司，按照"两定、一返、三包"分配模式，2016年有506名茶农入股公司，分红42万元，每股收益近800元。元，合作社收入10万元，公司收入50万元。

4.2 集体流转

在不改变土地原有用途的前提下，有序引导农户将闲置或不愿耕作的土地集中到村集体，由村集体将这些土地整合后再流转给有需要的规模大户和其他经济组织。集体流转模式为盘活农村土地资源，导入土地储备发展农业产业创造规模化经营条件，是政府主导土地流转的重要实践。

4.2.1 土地银行——安州模式

安州区河清镇金花村，坐落于绵阳市安州区稻蔬现代农业园区的核心地带，荣获省级乡村振兴示范村和乡村治理示范村的双重荣誉。该村依托村级集体经济组织，创新性地借鉴了银行经营模式，探索出一条以农村土地整合提质为基石、土地分类利用为价值增长亮点的"土地银行"发展新路径。这一模式不仅为金花村的发展注入了新的活力，也为周边地区乃至全省的乡村振兴提供了宝贵的经验和启示。

第一，产权创新，探索土地流转新模式。一是集体筹建"银行"。以村党组织为信用兜底，搭建由村党组织书记任"行长"，在村党员干部中选拔生产、管理、经营高素质人才及群众公信度高，且在发展中致富能力强的同志任"职员"的"土地银行"管理班子，"行长"对"土地银行"所有经营行为负责，"职员"负责清产核资、土地资源评估及土地流转价格拟定等事项，提高了群众的信任度，为土地"揽储"打下良好的基础。二是农户"存款"保底。采取"双向协议"的方式，以"土地银行"为中心，签订"农户－土地银行－新型农业经营主体"双向协议。对于农户按照 1 元/(m²·年) 的保底价格存入"土地银行"，如果暂未"贷出"的土地，由村集体组织代为经营，确保农户无风险"存地"。截至 2024 年底，金花村参与农户达到 572 户，占总户数 50% 以上，签订"存地"协议 572 份。三是银行"贷地"得利。"土地银行"通过竞标的方式与新型农业经营主体签订"贷地"协议，对流转价格、承租用途、贷地时限等 5 个方面 12 条事项进行约定，并根据市场需求，按照 1.2~1.8 元/(m²·年) 的价格，贷给专业合作社、家庭农场等新型农业经营主体，鼓励长期流转经营，持续增加集体经济收益。虽然新型经营主体从土地银行"贷"得的地流转价格比直接和农户流转价格高，但集中连片，易于管理，降低了生产成本，品选后仍能获取更大利润，截至 2022 年，金花村银行"存地"供不应求，签订"贷地"协议 38 份，"贷地"面积达 2200 余亩，土地流转收益同比增加 47% 以上，且无存量土地。

第二，整合资源，发展适度规模经营。一是"集约式"改造助土地增效。对纳入"土地银行"的土地及有意向的土地，通过整合现代农业园区建设、高标准农田建设、乡村振兴等各类专项资金 2000 万元，进行高标准农田改造 3800 多亩，通过消垄、平田、修路、通渠等方式，因地合垦、提质改造为适合稻蔬药果、棚种机耕的现代化农业土地，更好地满足了成片化、规模化、机械化耕作要求，大力提高土地利用效率。二是"规模户"经营保土地增值。由村集体经济组织牵线搭桥，大力引进职业农民、种植大户、家庭农场、龙头企业等新型农业经营主体集中流转土地，鼓励经营主体适度规模连片"贷地"经营，进一步保障规模化土地收益。连片"存地"流转价格较原碎片化流转价格每亩上涨 200~500 元，截至 2022 年，累计实现集体经济增收 47 万元。三是"互补式"服务促三方增收。村级集体经济组织通过聘请专业技术人才，不定期地进行技术交流培训，组建成立劳务专业合作社，为各类经营主体和种植大户提供技术指导、劳务人员保障等技术或劳务服务，形成"土地银行集中流转－经营主体规模经营－农户劳务输送"三方互补的"利益链条"。截至 2022 年，各类经营主体减少流转、整合土地等成本 100 余万元，解决闲置劳动力就业 350 余人。

第三，利益联结，确保农民、集体共享分配。一是"联动化"监管，确保经营规范。将"土地银行"纳入自然资源、农业农村、生态环境等行业部门监管范围，同时建立由村集体经济组织成员组成的监事会，对土地流转走向、资金使用流向等方面进行全方位实时管控，督促"土地银行"有序参与市场经营。二是"民主化"分配，确保利益均衡。针对"贷地"增值收益，按照村民小组20%、村集体经济组织30%、农户个人50%的"二三五"利益分配制进行分红，真正体现"三权分置"，"入股"农户在保底收益的基础上还可获得二次分红。三是"基金化"保障，确保风险可控。建立金融保障机制，设立"土地银行"丰歉调节基金，从集体收益中抽取10%作为风险基金，用于应对自然灾害、市场波动等出现的盈亏平衡，有效降低外界因素造成的亏损风险，筑牢了群众利益防线。

4.2.2 零存整贷——彭州模式

2008年，四川省成都市启动了农村产权制度改革，旨在通过农村土地承包经营权的确权颁证、农村集体经济组织资产股权的核定与量化，推动农村经济的持续发展。然而，对于地震灾区彭州市而言，灾后重建与新农村建设中的土地问题显得尤为突出。彭州市的家庭传统经营模式，因其小而分散的特性，难以与现代化的农业发展模式相匹配，这无疑严重制约了生产力的提升与农业现代化的步伐。在这样的背景下，彭州市政府积极应对，深入探索土地制度的改革之路。特别是在慈峰镇，一种全新的土地储备模式应运而生，为解决农民在生产和生活中所遇到的各类问题提供了新的思路。2008年底，彭州市迎来了一个历史性时刻——第一家土地银行，即慈峰皇城农业资源经营合作社正式成立。这一创新举措，不仅为农民提供了一个全新的土地管理平台，也为彭州市的农业现代化发展注入了新的活力。此后，这种土地储备模式在彭州市各乡镇得到了广泛推广与应用。通过这一模式，彭州市的土地银行成功实现了三步走战略：首先，对农民的土地进行整合与储备，形成了规模化的经营效应；其次，通过对土地的开发与供应，促进了农业资源的优化配置；最后，通过发行土地债券或提供土地抵押贷款服务，为农民提供了多元化的金融支持。这种土地银行模式的推广，不仅有效解决了彭州市土地制度改革中的难题，也极大地提升了农业的生产效率与经济效益，为彭州市的农业现代化发展奠定了坚实的基础。

第一，零存款与一次性贷款模式创新。"土地银行"是一种创新的经营模式：农民自愿将分散、小块、边界清晰的土地承包经营权存入这一机构，"土地银行"则按固定比例向农民支付租金，即土地存款利息。随后，"土地银行"

负责将收集的土地进行整理与分割，再将整理后的土地出借给有意种植的农民或公司，同时收取相应租金，即土地贷款利息。在此过程中，农户或企业需遵循"土地银行"的规划和要求进行种植。通过这种方式，"土地银行"获取差价利息，用于自我发展及风险投资等，既促进了土地的适度集中与规模经营，实现了土地效益的最大化，又确保了农民的根本利益，实现了"双赢"目标。

第二，创新产权管理方式。合同规定，按照"三权分置"的思路，存入的土地仅改变经营权所有者，但不改变所有权和承包权，即土地所有权仍归存入人所在村集体所有，存入人仍享有土地承包权及其他各项权利，土地被国家依法征用时，有权在缴存期内领取土地补偿费。合作社仅在土地寄存期间有偿获得寄存土地的生产经营自主权。同时规定，在土地存入期限内，需承担政策法规规定的涉农费用和生产费用，并缴纳"押金"融资报酬，存入土地和附近的森林、沟渠、道路建设配套设施等要合理利用和保护。不得改变土地原有用途，不得非法出售土地，不得废弃、遗弃土地。

第三，大力发展规模化经营。慈峰镇"土地银行"创立之初，仅有皇城、滴水、鹿坪三村村民参与土地存入。在市级部门的支持下，镇政府、村委会与龙头企业签订了全面合作协议，明确了种植面积、产品要求及最低保护价等关键条款。同时，与种植大户签订土地贷款及种植订单协议，确保种植规模适中并保障产品销路。龙头企业通过"土地银行"为种植大户提供全方位服务，如品种推荐、技术指导及农资供应等，以确保产品质量和安全。此后，成功引进了彭州市嘉禾农业有限公司（以下简称嘉禾公司）等龙头企业，开展大规模土地"贷"活动。嘉禾公司借地 870 亩种植雷竹，成都置农魔芋种植发展有限公司借地 200 亩种植香菇和芋头。随着业务的拓展，小石村、涌华村等村庄也相继加入，慈峰镇实现了土地的规模化经营。

第四，紧密利益联结。农民通过民主选举产生"土地银行"管理委员会和监督委员会，确保"土地银行"的规范运作和农民权益的保障。"土地银行"为农民提供稳定的收入，每年每亩租金为 240 元，每五年递增 20 元。此外，业主还需向"土地银行"支付每亩 10~20 元的服务费，用于支持"土地银行"的运营和提供更好的服务。扣除必要的工作费用后，剩余的服务费将归存地农户所有，进一步增加了农民收入。这种利益联结机制不仅为龙头企业、种植大户和农户搭建了新的合作平台，也促进了土地的集体化、集约化和规模化经营，实现了多方共赢。

4.2.3 村社一体——石狮模式

石狮村地处四川省德阳市中江县永太镇，位于中江县县城北部，距离县城16公里。拥有良好的区位优势，有利于地区特色粮油产业的发展，不过也是推动石狮村劳动力缺失的一个重要原因。全村地理面积3.969平方公里，拥有耕地面积2788亩，农户819户，共计2579人；村集体共进行土地流转2200亩，其中村集体经济组织自主经营1700亩土地，村内共有三条河贯穿全村，具有良好的自然条件。

第一，推动农村土地使用权的集中配置。2016年，基于中央政策的推动，石狮村实施了"三权分置"改革，将农户的承包权与经营权分开。这一改革为土地流转提供了更大的灵活性和效率，也为集体经济组织提供了更多的发展空间。在产权改革的深化阶段，石狮村集体经济组织逐渐明确了其在土地流转和经营管理中的主体地位。集体经济组织通过流转农户手中的经营权，自主经营或流转给社会公司，实现了土地资源的优化配置和高效利用。以四川皇承记农业有限公司为例，在生产经营期间，经承包农户同意后，依法依规改良土壤，提升地力，并建设系列农业生产、附属、配套设施。

第二，创新村社一体的组织架构。石狮村在集体经济发展过程中，逐渐建立了以集体经济组织为核心的村社一体化组织架构。这一组织架构明确了集体经济组织、村委会和村党组织之间的职责和关系，石狮村集体经济组织逐渐探索建立运行机制，明确了农村集体经济组织、村委会与村党组织三者相对独立的关系，村委会、村集体经济组织在村党组织的领导下，各司其职、协调配合开展工作，实现了三者的共同发展。在村社一体化的发展过程中，石狮村将集体经济的发展与农村社区建设、基础设施建设等相结合，实现了功能的融合和互补，不仅促进了集体经济的快速增长，也提升了农村社区的整体发展水平。村委会尊重集体经济组织依法独立进行经济活动的自主权，村集体经济组织支持和配合村委会工作，参与农村社区建设，为农村社区事业发展提供物质和经费支持。

第三，建立多元主体利益共享机制。一是农户与集体经济组织。石狮村通过土地流转和股份合作等方式，建立了农户与集体经济组织之间的紧密利益联结。农户通过流转土地获得租金或股份分红，集体经济组织则通过自主经营或流转土地获得收益，实现了双方的共赢。通过设立集体组织成员代表大会、董事会和监事会等治理监管主体，确保产权明晰、权责明确和监督有效，建立健全相关规章制度，实现集体资产全部量化并进行统一分配。随着农业现代化的推进，实现生产效率进一步提高，集体经济组织收益增长迅速。在股份合作联合社全体农户的辛勤劳作下，合作联合社收益率逐年递增。二是集体经济组织与社会公司。在土地流转过程中，石狮村集体经济组织与社会公司建立了合作关系。集体经济组织将土地流转给社会公司进行经营，获得土地流转的差额费用作为收益；社会公司则通过经营土地获得利润，实现了双方的利益共享。三是集体经济组织与村民。随着集体经济的不断壮大，石狮村集体经济组织将收益反哺到村民身上，用于村内环境整治、基础设施提升等方面。同时，集体经济组织还设立了扶贫基金等，为困难村民提供帮助和支持，进一步增强了村民的获得感和幸福感。

4.3　土地退出

土地退出模式的核心在于农民的自愿参与。农民在权衡个人经济状况、土地附加值、未来生活规划等因素后，可以选择是否退出承包地。这一退出过程是有偿的，农民通过退出承包地可以获得一定的经济补偿，在保障其的基本生活水平和权益的同时还能增强农民财产性收入，优化农村社区的人口结构和资源配置。此外，这一模式还有助于推动土地资源的规模化经营和集约化利用。通过土地退出机制，可以将土地流转给有能力、有意愿进行规模化经营的主体，从而提高土地的产出效率和经济效益。

4.3.1　土地承包经营权退出"三换"——内江模式

面对农村人口众多而土地有限、地块分散、劳动力外流、耕地闲置以及村民增收困难等挑战，四川省内江市市中区积极把握时机，作为全国第二批农村改革试验区，深入推动土地承包经营改革。在此过程中，市中区积极尝试土地退出试点，逐步形成了土地退出换取现金、股票和社保的"三换"模式。特别是在市中区朝阳镇下坝桥村，创新性地实施了农民、村集体、企业三方共赢的"三生"模式。"三生"模式的核心在于通过土地投资实现土地增值，吸引资本注入，进一步促进资金增值，同时引导农民参与园区建设，实现人力资源的价值转化。农民以土地作为入股资本，与内江市雷丰种植有限责任公司、村集体共同构建利益共同体，实现了资源共享、风险共担、利益共赢的良好局面。在土地承包经营权退出方面，提供了现金、股份和担保三种选择，为解决农村土地撂荒、农业转型困难和户籍城镇化滞后等问题提供了有效的路径与宝贵的经验。通过这些创新举措，内江市市中区不仅有效盘活了农村土地资源，促进了农业产业的转型升级，而且提高了农民的收入水平，推动了农村经济的持续发展。

第一，退出承包地换取现金。市中区龙门镇龙门村探索"以地换现金"模式，对退出承包地进行一次性现金补偿。流程和具体办法为：对于自愿永久退出的农户，按照自愿申请、权属明确、家庭成员意见一致的原则，在有稳定就业、有固定住房、不依赖土地为生的基本条件下，按照农户申请、村民小组核查、村委会审核、乡镇审批、区农林局备案的实施程序，按照 500 元/(亩·年) 的土地出让价格的 2 倍，以 30 年计算，一次性补偿 3 万元/亩。长期退出（第二轮土地承包期间退出）的，按照 850 元/(亩·年)×14 年（第二轮土地承包剩余年限）的标准一次性补偿 11900 元。土地补偿总额超过 80 万元，由区财政暂时贷给村集体，保留村民的选举权、宅基地使用权和集体资产收益分配权。2015 年，龙门村永久收回土地 1 户 5.38 亩，长期收回 55 亩土地 52 户，流转土地 700 余亩。通过以上措施，村集体经济组织引进种植大户，发展藤椒规模化种植，促进现代农业的发展。

第二，退出承包地换取股份。永安镇大庄村和七里冲村实施了"土地换股"模式，农民将土地承包经营权归还给村集体，获得相应补偿，并直接投资于村集体经济股份合作社。这一举措确保了农民在集体经济组织中的股份，并每年保障分红。农民还保留了征地拆迁收益权和土地重新承包的权利，从而维护了其基本土地权益。这些土地经整理后移交农业开发公司，用于农业旅游休闲项目，提高了农民收入。此举促进了补偿金的市场化和土地的规模化经营。

第三，退出承包地换取社会保障。将农村改革、脱贫攻坚与特殊群体保护相结合，对于农村贫困户、低收入户及 60 岁以上自愿退出土地承包经营权的人员，参照城乡居民养老保险制度，建立特殊群体养老保障制度。

内江市市中区的"三换"模式，通过创新补偿方式，明确退出程序和补偿标准，探索了补偿市场化和土地规模化的新路径，取得了显著的经济和社会效益。

4.3.2　宅基地退出——泸县模式

2015 年，泸县荣登全国首批农村土地制度改革的试点县名单，肩负起宅基地改革的重要使命。历经两年的深入研究与实践，泸县初步构建了一整套宅基地使用制度，包括法定补偿、保护奖励、超占补偿以及退出补偿等多个方面。与此同时，结合"规划引导、总量控制、有偿调整、村民自治"的宅基地

管理制度，为宅基地的有偿使用与退出探索出一条全新的道路。截至 2017 年
3 月，这一改革取得了显著成效。统计数据显示，已有超过 8100 户农户主动
退出宅基地，成功复垦土地 6500 亩，腾出建设用地超过 6000 亩。这一变革不
仅为农民带来了实实在在的经济利益，增加收入达 3.6 亿元，也为村集体经济
注入了新的活力，带来 8700 万元的可观收入。宅基地有偿使用与有偿退出的
实施，一方面，有效盘活了农村闲置的宅基地资源，通过有偿回收，这些土地
得以重新整理，转化为具有生物资产价值的土地，进而通过租赁、转让、集体
入市等方式，为集体经济组织带来了稳定的收益。这一过程中，集体经济组织
的作用得到充分发挥，集体经济收入稳步增长，村级集体经济实力显著增强，
有效解决了部分村庄"空壳化"的问题。另一方面，通过完善"征地入市"的
用地保障机制，泸县在减少征地规模的同时，成功探索出通过土地入市增加建
设用地供应的新路径。这不仅缓解了征地过程中的突出矛盾，也为群众提供了
更多参与村级事务管理的机会，激发了他们的积极性和参与度。泸县的宅基地
改革试点工作为全国农村土地制度改革提供了宝贵的经验。通过有偿使用与退
出机制的建立，实现了土地资源的优化配置和集体经济的壮大，为农村经济的
持续发展注入了新的动力。

第一，总量控制和计划指导。以 2016 年底宅基地数据为基础，对乡镇宅
基地使用总量进行封顶和固化，确保宅基地只减不增。根据各村的区位、地
形、资源禀赋等情况编制村级规划，科学划定耕地和基本农田规模，综合协调
农用地、建设用地等用地结构和布局，实现土地利用、村庄建设、产业发展、
环境保护"多规合一"。

第二，获得免费、跨区域付费服务。对农村集体经济组织成员实行一户一
房，面积按人确定。每人可免费获得 30 平方米住宅用地和 20 平方米附属设施
用地。符合宅基地申请条件的，可在本村范围内申请，并免费获得初始分配；
县内跨地区申请的，可以通过招标等方式有偿获得。集体经济组织实行自治，
接受地方政府执法监督。面积超过 50 平方米的，每年向村民小组缴纳每平方
米 5 元的有偿使用费；面积超过 50 平方米且不到 100 平方米的，每年每平方
米缴纳 5 元有偿使用费，每平方米缴纳 10 元有偿使用费。超过 100 平方米的，
原则上强制拆除。如果实际占用的宅基地面积低于法定面积，农民可以根据自
己的意愿选择一次性奖励（每平方米 100 元）或保留土地权利。

第三，退出有偿转移支付和县级转移支付。根据自愿原则，允许农民在年
度计划内有序退出宅基地。集体经济组织对退出户给予经济补偿，引导退出户
到新社区、幸福美丽新村、生态搬迁点、异地扶贫搬迁点。宅基地退出复垦剩
余指标，以村为主体、县公共资源交易中心为平台，在县内通过竞价交易方式

调整。县级国土部门利用宅基地管理信息平台，实现网上审批、使用、管理一体化。设立镇级国土资源和村镇建设办公室，授权组建土地综合执法机构，授权对现有宅基地进行审批和监管。村成立了宅基地管理领导小组、理事会、集体资产管理公司等，对宅基地有偿退出、有偿使用、指数交易、收益分配等事项进行自我管理。

4.3.3 "双放弃"退地——温江模式

"双放弃"政策是指在尊重农户意愿的前提下，鼓励农户放弃他们的农地承包经营权和宅基地使用权，进而可以选择在城市自主购房或由政府统一安置，他们的户籍也将由农村转为城市，并与城镇居民一样享有同等的社会保障。

第一，设计退出标准，降低退出风险。为了确保农民的平稳过渡并降低他们的风险，政府设定了一套严谨的筛选标准。这些标准包括：农民家庭的年均收入应不低于5000元，且其中80%应来源于非农业活动，这样可以保证农民对农业的依赖度相对较低；同时，在规划发展区域内或"拆院并院"进程中形成的集中居住区的农民将被优先考虑。在此标准下，尽管超过4700户农民积极响应并申请参与首批退出计划，仅有1000多户农民符合标准并被选中。

第二，多重补贴保障农民利益。政府为选择"双放弃"的农民提供了多方面的补贴，以保障他们的利益。对于选择在城市自主购房的农民，政府会根据他们的购房面积提供相应的财政补贴和就业援助，同时还会全额补贴他们的购房契税，并免除财产登记费用。而对于选择入住政府统一安排的集中居住区的农民，他们在水、电、光纤入户等方面也能获得政府补贴；此外，还能享受城镇社会保险的待遇。

4.4 产权交易

产权交易模式的基础在于明晰农村产权，包括农村土地承包经营权、宅基地使用权、集体经营性建设用地使用权等，只有产权关系明确，这些权能才可以在市场上进行流转交易，进而激活农村资产，提高资源利用效率。产权交易模式的参与主体十分广泛，包括农户、农村集体经济组织、农业企业等，这些主体可以根据自身需要，通过交易平台进行产权的买入或卖出，实现资源的优化配置。通过产权交易，农民可以将自己的产权转化为现金收入，增加财产性收入。同时，这也为农村经济的多元化发展提供了动力，吸引了更多的社会资本进入农村，推动农村产业结构的调整和升级。

4.4.1　"六统一"的农村产权交易——德阳模式

德阳市在促进农村产权交易市场健康发展方面采取了有力措施，促进了德阳市农村产权交易市场的规范化、标准化和高效化运行，从而促进农村经济的发展。

第一，构建政策支持体系，扫除农村产权交易障碍。德阳市政府发布了《德阳市农村产权流转交易市场体系建设实施方案》和《德阳市鼓励和引导农村产权入场流转交易办法》等政策文件，以促进农村产权交易活动的有序开展。这些政策不仅对市级产权流转制度和交易市场进行了详细规划，还提出了一系列扶持措施，强调各级政府为农村产权流转市场建设提供全方位的支持。除此之外，德阳市还颁布了《德阳市农村土地经营权流转管理办法（试行）》等相关文件，以打破当前农村土地经营权流转中存在的各种制度障碍。

第二，加强确权发证进程，夯实农村产权交易基础。清晰界定农村各类产权关系是保障我国农村产权交易市场健康发展的重要环节。德阳市遵循"权属清晰、权属齐全、流转顺畅、保护严格"的原则，积极推进农村各类产权的确权、登记和发证工作，使农村产权的归属关系明晰化，为实现农村产权市场的稳定运行奠定了良好的基础。只有取得合法有效的产权才能进入市场进行交易。德阳市在确权、发证工作中，充分利用现代测绘和信息技术等科技手段，以实地测量为基础，实现了"一户一本"的农村宅基地使用权确权登记与发证工作，并通过"三权分置"制度，有效解决了土地承包关系不清等问题。

第三，优化交易网络布局，提升农村产权交易服务效能。德阳市通过实施"全市统一交易平台、政府鼓励引导、市县分级交易、农村公示初审、社会各方配合"的策略及"六统一"管理模式，成功构建了覆盖市、县、乡、村四级的农村产权交易服务体系，实现了农村产权交易标准化、效率化。成都农交所德阳办事处作为运营主体，实行企业化运作；在县级交易服务中心和乡镇政府服务大厅均设有专门的服务窗口，在收集、核实、汇总、报送农村产权流转交易信息的同时，也为村民和有土地交易需求的客户提供相关政策和业务咨询。

4.4.2　"四个一"的农村产权交易——巴中模式

2020 年，农业农村部将巴中市列为国家农村改革试验区；2023 年，巴中市成为全国农村产权流转交易标准化试点城市。在农村产权制度改革中，巴中市通过"四个一"措施促进农村产权交易，推动农村资产活化、产权融资、农民增收。

第一，组建一套机构。巴中市积极组建专业机构，推动农村产权交易的规范化与高效化。由巴中发展控股集团有限公司与成都农村产权交易所有限责任公司合作设立巴中市鑫汇农业服务有限公司，并成立成都农交所巴中分公司，这两家机构采取"两块牌子，一套人马"的运作方式，紧密协作，共同承担农村产权交易的基础性工作。与此同时，巴中市将成都农村产权交易所有限责任公司的网上交易平台拓展到成都农交所巴中分公司，并将其业务拓展到县域内，使全市的农村产权流转交易业务在市内形成网络化运作。这一举措不仅提升了交易效率，也确保了交易信息的透明与共享，为农村产权交易的健康发展奠定了坚实基础。

第二，设置一个专窗。在市、县两级的公共资源交易服务中心都设置了专门的农村产权交易窗口，着力推进乡镇农村产权交易试点示范工作。以恩阳区兴隆镇、柳林镇为例，乡镇涉农服务机构试点设立了农村产权交易服务站，并推动服务站进驻村便民服务室，政策宣传、业务咨询、信息收集提交等服务都可以在这里完成，为农村产权交易提供了高效便捷的一站式服务。

第三，制定一套规则。为规范农村产权交易，巴中市农业农村局、市政服务和资源交易服务中心等八部门联合制定了《巴中市农村产权流转交易市场体系建设实施方案》，鼓励并指导农村产权进行有序流转。针对农村产权流转交易目录中认定的16种交易类型，相关部门制定了详细的交易规则，填补了农村产权交易规则和监管体系的空白，为农村产权交易的各类活动提供了明确的指导和依据。

第四，建立一套流程。为了保证农村产权交易的顺利进行，市、县两级农村产权窗口精心制定了11项交易程序。这些流程涵盖了从发布公告信息、征集意向受让方、组织交易、成交公示到签订合同和出具交易证明的各个环节。在交易环节，为保证交易开展的公开、公平和公正性，采用招标、拍卖、网络竞价等多种方式组织交易。交易完成后，会向交易双方发出交易确认函，并在官方网站上公布交易结果，以增加交易的透明度和可信度。

4.4.3 "政银合作"的农村产权抵押融资——自贡模式

自贡市通过构建全面、高效且风险可控的农村产权融资体系，不仅规范了五类农村产权的融资工作，而且创新了担保路径和抵押方式，支持了新型农业经营主体的发展，为乡村振兴战略的实施注入了强大动力。

第一，完善制度设计。2014 年，自贡市在农村产权融资领域进行了专项调研，由市人民银行、市委农工办、市政府金融办等多个部门联合制定了自贡市产权融资"1+5+N"方案。该方案包括一个《自贡市农村产权融资总体方案》和五项配套文件，其目的是对五种财产权进行融资，规范了农村土地承包经营权、林地经营权、农业设施所有权、农村集体经营性建设用地使用权和农村房屋所有权五类产权融资工作，同时方案还提出了 N 项配套方法，用于进一步规范和完善五类产权融资流程。在中国人民银行成都分行的指导下，自贡市人民银行按照"政府主导、银行推动、多方联动、支农惠农"的思路，与市、区（县）农业对口部门和金融机构展开了紧密合作，共同推动了相关管理办法的顺利发布，为自贡市产权融资提供了坚实的制度保障。

第二，创新保障机制。自贡市积极与邮政银行展开合作，大胆探索全新的担保路径。对于已确权颁证的农村产权，自贡市采取抵押登记的方式；而对于尚未确权颁证的产权，自贡市则灵活运用土地权属证书作为抵押凭证，巧妙地解决了产权抵押的有效性问题。此外，自贡市还创新性地推动了"农村产权抵押融资＋创业扶持"计划，该计划不仅提高了特定农户的授信额度和贷款上限，而且鼓励多样化的抵押方式，全力支持新型农业经营主体。

第三，建强网络平台。自贡市通过建立"市—县—乡—村"四级网络平台，以提升农村产权交易的效率和透明度为目标，着力推进农村产权交易信息交换平台的建设。在此基础上，自贡市初步建立了统一信息系统，实现了产权抵押登记信息的集中管理，有效推动了农村产权信息的公开化和共享化。在一些区（县），自贡市还尝试建立农村产权抵押评估信息系统，以便及时、准确地评估农村产权价值。同时，自贡市加快了农村征信体系的建设步伐，通过指导农民建立个人信息系统和进行信用评级，提高了业务对接效率，增强了涉农主体信用意识，降低了金融创新风险，为提供全面的信息保障奠定了基础。

第四，健全防控机制。自贡市在农村产权融资领域构建了农户信贷审批机制，通过村、镇两级的推荐和审核，准确满足农户的贷款需求；同时，针对土地抵押可能存在的潜在风险，积极探索构建了抵押融资风险补偿机制，设立专项资金账户以应对逾期的贷款风险。为了进一步完善风险管理体系，自贡市还构建了一个覆盖区、乡（镇）、村三级的农村产权交易服务平台，实现了对风险贷款的及时监测、评估和妥善处理，为农村产权金融业务的发展提供了强有力的风险防控保证。此外，自贡市还建立了风险共担机制，对不能按时还款的农村房产进行抵押处理，将其抵押的财产变现后获得的资金优先用于还贷，剩余损失由风险补偿基金和经办行按 7∶3 的比例共同承担。这一举措使金融机构的风险承受能力获得了极大的缓解，也为农村产权融资提供了更有力的保证。

4.4.4 土地经营权抵押担保创新——蓬溪模式

清晰明确的产权归属是产权抵押的前提，通过产权抵押模式可以有效激活农村沉睡的资产，使农民能够利用手中的土地资源获取融资，解决以往农村因缺乏有效抵押物而导致的贷款难问题。遂宁市通过土地确权实现了土地所有权、承包权、经营权的三权分置，在此基础上，蓬溪县积极开拓创新，探索实践了土地经营权抵押融资模式。农民或农村集体经济组织通过产权抵押获得更多的资金支持，进而投入现代农业的生产和经营中，在推动农业的规模化、集约化经营，提高农业的生产效率和经济效益方面发挥了重要作用。

第一，推进土地确权发证。经过深入细致的入户宗地勘界与地籍调查工作，蓬溪县为全县 18.7 万户农民、覆盖 53.9 万亩承包耕地颁发了农村承包土地经营权证书，颁发率高达 92.5%，确保了农民土地权益的合法性与稳定性。

第二，探索土地管理机制。蓬溪县积极引入多种农村土地经营机制，包括股份合作制、家庭农场经营制、按户连片耕种制、合作共营制和订单农业代耕制等，这些机制在保持土地承包权不变的基础上，通过灵活多样的经营方式，有效推动了耕地的充分利用和农业产业的持续发展。

第三，创新土地经营权抵押融资。蓬溪县对"农村土地经营权＋收益＋担保公司""经营权＋农民房屋所有权""政府增信＋银行授信＋经营权"等多种抵押融资模式进行了探索。这些模式通过明确权属关系、合理评估资产价值、提供资信证明、建立交易市场和完善权益保障机制，有效解决了农村产权抵押融资面临的难题，为各类新型农业经营主体提供了高达 2.03 亿元的抵押贷款支持。

第四，积极探索农村金融改革。蓬溪县运用货币信贷大数据系统"天府融通"平台，整理发布农村土地承包经营权抵押贷款需求，引导银行机构与新型农业经营主体进行网上融资对接，探索出"大数据＋两权"的"蓬溪模式"。引导金融机构在"三联三保"（政府＋银行＋企业，担保、保险、风险补偿保障）农村产权抵质押贷款模式的基础上，探索创新贷款模式，不断做大贷款规模，助推农村产权融资顺利步入发展快车道。

第五，强化政策配套，切实防范风险。蓬溪县相继出台了《关于加快推进农村产权流转和抵押融资工作的意见》及配套文件，建立多层次风险分担机制，先期投入 200 万元财政资金建立农村产权抵质押融资风险补偿基金，加强与涉农担保机构及涉农保险机构业务合作，形成抵质押产权、担保、风险补偿基金及保险四位一体保障模式，确保农村产权抵质押达到银行担保贷款合作准入条件，扩大农村经济发展资金来源。

4.4.5 "两权"抵押贷款——彭山模式

彭山区通过创新推广"两权"抵押贷款模式，推动农村产权交易市场的完善，成功实现"人、地、钱"等生产要素在现代农业中的回流，为农村改革奠定了坚实基础，实现了农民、业主和政府的共赢，也促进了现代农业的可持续发展。

第一，全面推进确权颁证，奠定农村改革基础。彭山区深入推进了农村承包地"三权分置"改革，一方面，保证了农村土地集体所有权的稳定，同时也保证了农民长期、稳定的土地权利。全区农村承包地确权登记工作已圆满完成，覆盖了全区 22 万亩农村承包地。另一方面，彭山区还通过放宽管理权限和创新发放《农村土地经营权证》的方式，吸引了更多种植大户前来投资。在区农村产权交易服务中心，设立了"一站式"便捷服务窗口，对全区农村土地发放土地经营权证。

第二，积极推进土地流转"四步机制"，发展适度规模经营。彭山区根据土地流转过程中农民、业主和政府各方的担忧，探索出一套包括"三级梯次服务、平台公开交易、前置资质审核和风险应急处理"在内的土地流转机制。这一机制确保了农民、业主和政府的利益得到保障，实现了三方共赢。通过畅通土地流转渠道和提升涉农服务水平，彭山区降低了土地流转风险，并成功处理了多起土地流转纠纷。这一创新做法受到了全国各地的普遍肯定，并被列为全国"三农"改革的典范之一。

第三，创新推广"两权"抵押贷款，深度激发农业发展潜力。彭山区巧妙结合政府指导和市场化运作，在实践中摸索出"251"农村"两权"抵押贷款工作机制，即坚守农村基本土地制度不突破和金融风险整体可控"2 条底线"；针对制约农村金融发展的五大难题，着力构建了 5 大配套制度体系"破冰"试点；探索了 1 套便捷的操作流程，实现借贷双方高效对接。这一制度在坚守农村基本土地制度和金融风险可控的前提下，针对农村金融发展中的主要问题构建了配套制度体系，并探索出一套便捷的操作流程。这种"两权"抵押贷款的创新性做法，不仅被中国人民银行成都分行作为全省样板进行推广，而且在央视和其他主流媒体上得到了广泛宣传。

第5章 四川农村土地制度改革对资源配置的影响

农村土地制度改革有助于优化劳动力、资本、土地等资源的配置结构，提升农业的整体竞争力和可持续发展能力。本章重点从农村劳动力结构调整、农业资本深化、农村土地经营权流转以及农业科技创新四个方面，探究四川省土地制度改革带来的现实影响。

5.1 农村劳动力结构调整

5.1.1 农业剩余劳动力转移

20世纪90年代以来，随着农业经营方式改革和城乡隔离的松解，我国农民脱离农业外出打工人数逐渐增多，从"离土不离乡"的乡镇企业就业再到"离土又离乡"的城市工业部门就业，形成了规模庞大的"民工潮"，为我国城乡二元结构转型做出了历史性贡献。本书通过《新中国六十年统计资料汇编》及《中国统计年鉴》收集整理了四川省第一产业就业人数、乡村就业人数、城镇就业人数、城镇单位就业人数，估算出1978年以来城乡劳动力转移数量，包括从农业中游离出来转移到城市和农村的第二、三产业人员。如表5-1所示，改革开放以来，四川省从农业中解放出来的劳动力数量呈几何级增长，特别是农村向城市转移的劳动力数量长期保持快速增长，这说明四川省农业剩余劳动力还大量存在。

表 5－1 1978—2021 年四川省城乡劳动力转移数量

年份	第一产业就业人数（万人）	乡村就业人数（万人）	城镇就业人数（万人）	城镇单位就业人数（万人）	城乡劳动力转移人数（万人）
1978	2524.20	2621.50	465.50	464.40	98.40
1979	2537.30	2650.80	492.80	483.86	122.44
1980	2638.00	2748.50	511.20	498.31	123.39
1981	2690.70	2813.10	534.50	515.54	141.36
1982	2804.70	2907.40	560.10	533.31	129.49
1983	2876.00	2982.60	582.00	540.85	147.75
1984	2858.00	3038.40	604.70	552.90	232.20
1985	2825.00	3103.10	640.00	576.12	341.98
1986	2886.00	3221.90	663.90	593.50	406.30
1987	2926.30	3275.10	692.30	609.34	431.76
1988	2986.10	3359.90	730.20	634.03	469.97
1989	3086.80	3423.30	756.20	630.72	461.98
1990	3108.90	3465.10	800.10	644.21	512.09
1991	3190.80	3568.50	856.60	666.02	568.28
1992	3200.20	3606.50	914.70	684.31	636.69
1993	3108.10	3595.40	961.50	693.30	755.50
1994	3037.50	3587.20	1000.80	692.27	858.23
1995	2983.90	3573.30	1045.80	696.03	939.17
1996	2875.90	3552.10	1075.10	692.78	1058.52
1997	2872.40	3538.00	1103.20	681.56	1087.24
1998	2824.40	3573.50	1077.90	662.94	1164.06
1999	2747.10	3567.00	1087.30	547.15	1360.05
2000	2643.40	3564.50	1093.90	515.45	1499.55
2001	2595.80	3556.20	1108.60	486.70	1582.30
2002	2517.50	3542.00	1125.60	481.19	1668.91
2003	2482.80	3516.60	1166.90	486.70	1714.00
2004	2445.70	3481.80	1209.20	480.70	1764.60

年份	第一产业就业人数（万人）	乡村就业人数（万人）	城镇就业人数（万人）	城镇单位就业人数（万人）	城乡劳动力转移人数（万人）
2005	2421.50	3473.10	1228.90	492.80	1787.70
2006	2306.90	3452.20	1262.80	500.90	1907.20
2007	2266.20	3432.70	1298.40	520.30	1944.60
2008	2186.20	3430.00	1310.00	528.90	2024.90
2009	2144.13	3410.76	1345.86	564.3794	2048.11
2010	2043.85	3087.03	1589.97	570.58	2062.57
2011	1972.00	2979.14	1670.86	614.02	2063.98
2012	1905.00	2888.56	1746.44	640.89	2089.11
2013	1854.00	2805.63	1828.37	846.24	1933.76
2014	1804.00	2727.51	1910.49	808.75	2025.25
2015	1758.40	2642.65	2009.35	795.47	2098.13
2016	1709.00	2548.46	2108.54	787.53	2160.47
2017	1661.50	2459.62	2207.38	792.21	2213.29
2018	1618.00	2386.25	2303.75	780.64	2291.36
2019	1579.50	2307.22	2406.78	788.94	2345.56
2020	1542.00	2256.00	2489.00	861.76	2341.24
2021	1506.00	2205.00	2522.00	871.47	2349.53

注：数据通过《新中国六十年统计资料汇编》及1978—2021年《中国统计年鉴》整理计算得出。

据统计数据，截至2021年，我国依然有4.98亿人口生活在乡村，乡村隐蔽性失业现象依然存在，还有大量农业转移人口不能落户城市，依户籍人口计算，城镇化率依然偏低。其中，四川省乡村人口数0.35亿人，在我国各省份中排名第三。尽管国家支农惠农的力度不断加强，但我国基尼系数总体仍然呈上升趋势，2021年全国达到0.466，2020年全国达到0.468，超过了0.400的门槛值；四川省达到0.391，接近0.400，说明农业与非农业之间存在明显的劳动报酬差异[①]，农业比较劳动生产率远低于非农业比较劳动生产率。斯坦福

---

① 孔祥智. 农业经济学［M］. 2版. 北京：中国人民大学出版社，2019：148.

国际发展研究中心的高级研究员 Dani（2011）曾指出，在大多数国家，只有农业生产率提高时，农村劳动力才会被吸收[①]。随后，林毅夫也表达了对该观点的赞同，认为除了提高农业生产率，增加农民收入，政府还必须积极引入农业新科技，提供扩展服务，提高灌溉水平，扩大市场渠道，创造条件来促进农业多样化发展，以生产出更多的高附加值产品[②]。这一观点突破了诸多发展经济学对于农业的"偏见"，将农业和工业作为推动经济增长的同等重要产业。

5.1.2　四川农业与非农业比较劳动生产率的差距

如表 5-2 所示，1952 年以来，四川省农业第一产业劳动力和第一产业增加值在三次产业中的比重快速下降，但劳动力份额的下降速度低于产业增加值份额的下降速度，故农业比较劳动生产率总体上呈缓慢下降趋势。与此同时，随着大量农业劳动力向第二、三产业转移，第二、三产业就业人员比重快速增加，产业增加值比重增长空间有限，故非农业比较劳动生产率下降幅度较大。二者之间的差距逐渐缩小，从 1952 年的 2.338 缩减到 2021 年 0.983，降低了57.96%。但是，截至 2021 年，四川省依然在依靠 31.860% 的劳动力（第一产业劳动力）产出占比仅为 10.514% 的 GDP，农业比较劳动生产率还远低于城市经济部门。同年，全国以 22.9% 的劳动力（第一产业劳动力）产出占比仅为 7.3% 的 GDP，也远远低于世界主要国家。这说明，第一产业劳动力流转依然存在较高的壁垒和摩擦成本，无法满足第二、三产业日益增加的劳动力需求，造成了产业间劳动力配置效率的扭曲，降低了包括四川省在内的我国全要素生产率水平，制约了中国经济向高质量增长的转型[③]。根据边际递减原理，在外界条件不变的情况下，通过在同等规模的小块土地上增加劳动力投入所带来的边际产出是呈下降趋势的。由于每户农户拥有的耕地小而细碎，即便通过精耕细作和利用各种生物技术能够达到土地生产效率的极限，也难以达到增收致富的效果。因此，在现有条件下，四川省作为我国西部粮食主产省，要通过规模化经营促进技术进步，提高劳动生产率，从而承担好保障我国粮食安全、增强我国农产品国际竞争力的重大责任。

① Dani R. Comments on "New Structural Economics" by Justin Yifu Lin [J]. The World Bank Research Observer，2011，26（2）：222-226.
② 林毅夫. 新结构经济学 [M]. 北京：北京大学出版社，2012：65.
③ 干春晖，王强. 改革开放以来中国产业结构变迁：回顾与展望 [J]. 经济与管理研究，2018，309（8）：4-15.

表 5-2 1952—2021 年四川省农业与非农业比较劳动生产率

年份	第一产业占比（%）	第二产业占比（%）	第三产业占比（%）	第一产业就业占比（%）	第二产业就业占比（%）	第三产业就业占比（%）	农业比较劳动生产率	非农业比较劳动生产率
1952	59.163	14.913	25.924	86.487	4.407	9.106	0.684	3.022
1957	55.755	17.885	26.360	86.234	4.807	8.959	0.647	3.214
1962	65.243	15.372	19.384	86.169	5.590	8.242	0.757	2.513
1965	58.788	24.413	16.799	84.920	7.206	7.873	0.692	2.733
1970	49.900	34.249	15.851	85.470	7.684	6.845	0.584	3.448
1975	44.371	38.285	17.343	82.509	9.054	8.438	0.538	3.180
1978	44.526	35.507	19.966	81.769	9.054	9.177	0.545	3.043
1979	44.688	35.143	20.169	80.713	9.454	9.831	0.554	2.868
1980	44.342	35.345	20.313	80.929	9.487	9.585	0.548	2.918
1981	44.577	34.401	21.022	80.377	9.802	9.822	0.555	2.824
1982	45.547	33.732	20.721	80.886	9.612	9.502	0.563	2.849
1983	44.428	33.984	21.588	80.683	9.526	9.791	0.551	2.877
1984	43.599	33.983	22.418	78.450	10.186	11.364	0.556	2.617
1985	41.054	35.168	23.778	75.471	13.135	11.394	0.544	2.403
1986	39.543	35.052	25.404	74.270	13.882	11.849	0.532	2.350
1987	38.099	35.392	26.510	73.758	14.474	11.768	0.517	2.359
1988	36.676	36.126	27.198	73.007	14.674	12.318	0.502	2.346
1989	35.323	35.362	29.315	73.855	13.963	12.182	0.478	2.474
1990	36.075	35.091	28.834	72.890	13.553	13.557	0.495	2.358
1991	33.356	37.044	29.600	72.108	13.623	14.270	0.463	2.389
1992	31.602	37.508	30.890	70.782	14.085	15.133	0.446	2.341
1993	30.239	39.054	30.706	68.206	15.580	16.214	0.443	2.194
1994	29.847	39.111	31.042	66.205	15.878	17.918	0.451	2.076
1995	27.114	40.148	32.737	64.600	16.300	19.100	0.420	2.059
1996	26.815	40.256	32.930	62.151	16.700	21.149	0.431	1.934
1997	27.157	39.035	33.808	61.889	16.815	21.295	0.439	1.911
1998	26.258	38.111	35.631	60.722	16.900	22.378	0.432	1.877

续表

年份	第一产业占比（%）	第二产业占比（%）	第三产业占比（%）	第一产业就业占比（%）	第二产业就业占比（%）	第三产业就业占比（%）	农业比较劳动生产率	非农业比较劳动生产率
1999	25.377	36.985	37.638	59.022	17.200	23.778	0.430	1.821
2000	24.072	36.483	39.446	56.744	18.700	24.556	0.424	1.755
2001	22.864	36.614	40.522	55.647	18.600	25.753	0.411	1.739
2002	22.179	36.685	41.136	53.935	19.200	26.865	0.411	1.689
2003	21.110	37.793	41.097	53.012	19.359	27.629	0.398	1.679
2004	21.083	38.701	40.216	52.136	19.527	28.337	0.404	1.649
2005	19.501	41.151	39.348	51.499	19.700	28.801	0.379	1.660
2006	19.000	43.008	37.937	48.927	20.064	31.010	0.388	1.586
2007	18.619	43.625	37.756	47.900	22.525	29.575	0.389	1.562
2008	16.768	45.205	38.027	46.122	23.382	30.496	0.364	1.545
2009	15.224	46.885	37.891	45.077	24.000	30.923	0.338	1.544
2010	13.846	48.089	38.065	43.700	24.900	31.400	0.317	1.530
2011	13.561	47.572	38.867	42.409	25.097	32.495	0.320	1.501
2012	13.136	46.948	39.916	41.100	25.307	33.592	0.320	1.475
2013	12.284	46.832	40.884	40.009	25.097	34.894	0.307	1.462
2014	12.200	45.282	42.518	38.896	24.903	36.201	0.314	1.437
2015	12.066	43.479	44.455	37.799	24.600	37.601	0.319	1.414
2016	11.771	40.588	47.642	36.697	24.307	38.995	0.321	1.394
2017	11.245	38.436	50.319	35.601	23.998	40.401	0.316	1.378
2018	10.320	37.427	52.253	34.499	23.710	41.791	0.299	1.369
2019	10.369	37.072	52.559	33.507	23.292	43.201	0.309	1.348
2020	11.457	36.093	52.450	32.497	23.140	44.362	0.353	1.312
2021	10.514	36.957	52.529	31.860	23.503	44.637	0.330	1.313

　　注：数据通过 1952—2021 年《中国统计年鉴》和《四川省统计年鉴》整理计算得出。

5.2 农业资本深化

5.2.1 农业资本产出效率的区域差异

马克思在《资本论》第三卷中详细分析了资本流动规律，由于不同生产部门资本有机构成的不同，产生不同的利润率，而资本追求更高利润的本性驱使其从低利润的部门流向高利润的部门，最终形成平均利润率。一方面，随着资本积累过程中资本有机构成的不断提高，平均利润率呈下降趋势；另一方面，随着社会资本总量的扩大，吸收剩余劳动的绝对量在增加，剩余价值总量也在增加，这就是一般利润率趋于下降和利润量增加相并存的"二重规律"[1]。资本流动与积累对经济增长的正向效应是显而易见的，但随着资本投入的增加，同样会面临资本报酬递减的问题。

诸多学者［如吴方卫（1999）[2]、樊胜根等（2002）[3]、王金田等（2007）[4]、罗浩轩（2013）[5]］采用永续盘存法对全国及各省份改革开放以来的农业资本存量的变化进行了估算。从时间趋势来看，全国、各地区及四川省的农业资本存量呈现快速增长的发展势头，特别是在2004年以后呈指数级上升，说明农业资本深化程度加快。农业资本深化的同时，农业资本的利用率也在提高，但提高幅度较小。如图5-1所示，根据杨伦（2019）计算的1990—2015年全国及省际层面的农业资本产出比数据[6]，全国和各地区资本产出效率缓慢上升，其中东部、中部和东北地区的发展趋势与全国基本一致，而西部地区在1900—2005年呈现缓慢下降趋势，随后快速提升，其整体水平超越全国及其他地区。这说明整个西部地区农业资本匮乏，1单位的农业投资带来的回报远远超过其他地区。

---

① 马克思. 资本论（第3卷）［M］. 北京：人民出版社，1975.

② 吴方卫. 我国农业资本存量的估计［J］. 农业技术经济，1999（6）：34-38.

③ 樊胜根，张晓波，Robinson S. 中国经济增长和结构调整［J］. 经济学（季刊），2002（1）：181-198.

④ 王金田，王学真，高峰. 全国及分省份农业资本存量 K 的估算［J］. 农业技术经济，2007（4）：64-70.

⑤ 罗浩轩. 新常态下中国农业经济增长的三重冲击及其治理路径——基于1981—2013年中国农业全要素生产率的测算［J］. 上海经济研究，2017（2）：24-33.

⑥ 杨伦. 我国农业资本存量估算［J］. 时代金融，2019（5）：216-218.

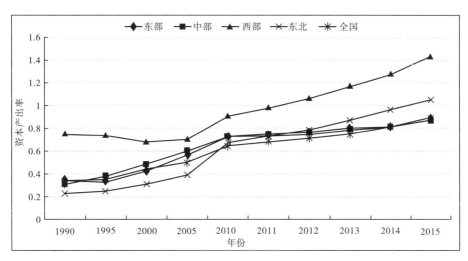

图 5-1　1990—2015 年全国及各地区农业资本产出比变动情况

5.2.2　农业资本深化的"双刃剑"效应

从农业资本深化的成因来看，农业税取消以前，国家对农业的财政投入及农户对农业的投资都较小，自 2004 年以来，国家财政支农支出的大幅增加，成为农业资本深化的主要因素。近年来，随着国家培育新型农业经营主体、发展农业规模经营，大量的工商资本开始转向农业领域，倒逼农业生产经营方式转型的同时，与小农户之间的矛盾日渐激化。关于外来资本的介入对农业农村的影响，国内众多学者通过案例及实证分析取得了一定成果。

主要观点有以下四个方面：

一是资本驱动农业种植结构的转型，如图 5-2 所示，2010 年以来，四川省土地流转后用于经济作物生产的面积与用于粮食作物生产的面积逐渐拉开较大差距，截至 2021 年，四川省流转后的土地有超过三分之二的面积用于经济作物的生产。由于农作物种植的特殊规律要求，种植环节处在农业生产收益链条"微笑曲线"的最底端[①]，这种低收益特征在主粮的种植中显得更为突出，在现有农产品价格形成机制下，1 亩主粮的毛收入在 1600 元左右，扣除成本后的纯收入不到 1000 元。对于大户而言，还要扣除机械使用、土地流转及雇佣劳动力的费用，其收益微乎其微，与资本逐利的预期相差甚远，资本的投资

---

① 洪银兴，郑江淮. 反哺农业的产业组织与市场组织——基于农产品价值链的分析 [J]. 管理世界，2009（5）：74-86，194-195.

是"不划算"的。因此，资本更加偏好于蔬菜、水果、苗木等经济作物，以四川蒲江某种植大户为例，每年每亩地种植春见柑橘的收益可达 15000 元左右，即使扣除较为高昂的土地流转费用和其他人工成本费，每亩地纯收益依然能够保持在 9000 元左右。但是，经济作物的高收益同样要面临自然灾害和市场信息不对称带来的高风险，这使得许多下乡资本纷纷逃离种植环节，向农产品的深加工、销售以及生产服务等上、下游产业链转移，进而重构农业产业链，挤占小农的获利空间①。

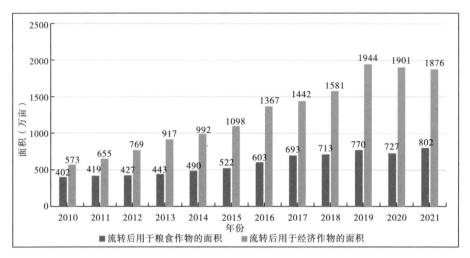

图 5-2　2010—2021 年四川省土地流转用途统计数据

二是资本下乡阻断了土地自发流转渠道，对于依赖自发流转经营农业的"中农"群体形成较大冲击，与大规模经营相配套的农业服务体系逐渐瓦解了小农服务体系，惠农资源对小农户分配有限。此外，资本下乡流转了小农户的承包地，使农民脱离土地成为农业雇佣劳动者，失去土地保障的农民生活成本增加，现金支出的压力增大。这种制度变迁挤压了小农的生存空间，造成农业种植结构性失调，为农业现代化埋下了隐患②。

三是随着土地流转、专业化分工发展分化出来的农业规模经营主体、生产服务主体及粮食收购加工主体，由于共同的利益取向重构了农业产业链条，使

---

① 陈靖. 进入与退出："资本下乡"为何逃离种植环节——基于皖北黄村的考察［J］. 华中农业大学学报（社会科学版），2013（2）：31-37.

② 冯小. 新型农业经营主体培育与农业治理转型——基于皖南平镇农业经营制度变迁的分析［J］. 中国农村观察，2015（2）：25-34，97.

自耕农和小服务主体逐渐淡出农业生产服务体系[①]。

四是工商资本逐利本性和市场化生成逻辑对资源禀赋较差的中农和小农形成了生存资格、权利增长的双重排斥机制[②]，村庄人文和生态环境遭到破坏，"三农"陷入新的"内卷化"结构困境。解决"三农"问题，必须打破小农与资本权利失衡的局面，建立起资本与小农和谐共生的良性再生产机制[③]。此外，还有很多学者对资本下乡持否定态度，如仝志辉等（2009）[④]、贺雪峰（2013）[⑤] 等，他们认为资本下乡剥夺了农民的生活保障，会危及社会稳定。面对小农与资本的矛盾，诸多学者建议拒资本而护小农，而这种沉湎于小农经济的思想，背离了农业生产关系与生产力发展的现实，以小农之"短"而拒资本之利，无异于舍本逐末，最终只会"竭泽而渔"。

5.3　农村土地经营权流转

5.3.1　农村土地经营权流转的政策导向

家庭联产承包责任制的推行，从根本上克服了集体劳动的弊端，将生产经营自主权归还广大农民，激发了农民勤劳致富的内生动力，推动了社会分工的扩大、市场机制的发育和综合生产力的提升。但随着大量农业劳动力外流和非农产业的快速崛起，为农业兼业化经营创造了环境条件，兼业化、副业化农户逐渐增多，使农村土地的生产功能弱化，保障功能的禀赋不断增强，必然影响现代农业发展。为此，20 世纪 80 年代后期以来，政府不断推出各种政策措施促进土地承包经营权流转，尤其是在沿海地区陆续推行各类农业规模经营试点。进入 21 世纪以来，随着农村改革的深化，对农业规模化经营地内在需求日渐增强，从表 5-3 中列出的历年中央一号文件来看，从 2005 年开始，国家

① 陈航英. 新型农业主体的兴起与"小农经济"处境的再思考——以皖南河镇为例 [J]. 开放时代，2015（5）：70-87.

② 赵晓峰，付少平. 社会结构分化，关系网络闭合与农村政策扭曲——当前国家与农民关系面临的新挑战 [J]. 学习与实践，2015（1）：76-84.

③ 赵祥云，赵晓峰. 资本下乡真的能促进三农发展吗？[J]. 西北农林科技大学学报（社会科学版），2016（4）：17-22.

④ 仝志辉，温铁军. 资本和部门下乡与小农户经济的组织化道路——兼对专业合作社道路提出质疑 [J]. 开放时代，2009（4）：4-26.

⑤ 贺雪峰. 小农立场 [M]. 北京：中国政法大学出版社，2013.

一再强调在依法自愿有偿的前提下，鼓励通过转包、出租、互换、股份合作、转让等方式有序推进承包地流转，并逐步健全土地产权交易市场，说明通过土地流转稳步推进农业规模化是农业现代化的基础。

表5-3 2005—2023年中央一号文件关于土地流转的政策

年份	文件名称	关于土地流转主要内容
2005	《中共中央　国务院关于进一步加强农村工作提高农业综合生产能力若干政策的意见》	认真落实农村土地承包政策。针对一些地方存在的随意收回农户承包地、强迫农户流转承包地等问题，各地要对土地二轮承包政策落实情况进行全面检查，对违反法律和政策的要坚决予以纠正，并追究责任。承包经营权流转和发展适度规模经营，必须在农户自愿、有偿的前提下依法进行，防止片面追求土地集中。
2006	《中共中央　国务院关于推进社会主义新农村建设的若干意见》	统筹推进农村其他改革。稳定和完善以家庭承包经营为基础、统分结合的双层经营体制，健全在依法、自愿、有偿基础上的土地承包经营权流转机制，有条件的地方可发展多种形式的适度规模经营。
2007	《中共中央　国务院关于积极发展现代农业扎实推进社会主义新农村建设的若干意见》	统筹推进农村其他改革。坚持农村基本经营制度，稳定土地承包关系，规范土地承包经营权流转，加快征地制度改革。
2008	《中共中央　国务院关于切实加强农业基础建设进一步促进农业发展农民增收的若干意见》	坚持和完善以家庭承包经营为基础、统分结合的双层经营体制。按照依法自愿有偿原则，健全土地承包经营权流转市场。农村土地承包合同管理部门要加强土地流转中介服务，完善土地流转合同、登记、备案等制度，在有条件的地方培育发展多种形式适度规模经营的市场环境。坚决防止和纠正强迫农民流转、通过流转改变土地农业用途等问题，依法制止乡、村组织通过"反租倒包"等形式侵犯农户土地承包经营权等行为。
2009	《中共中央　国务院关于2009年促进农业稳定发展农民持续增收的若干意见》	建立健全土地承包经营权流转市场。土地承包经营权流转，不得改变土地集体所有性质，不得改变土地用途，不得损害农民土地承包权益。坚持依法自愿有偿原则，尊重农民的土地流转主体地位，任何组织和个人不得强迫流转，也不能妨碍自主流转。按照完善管理、加强服务的要求，规范土地承包经营权流转。鼓励有条件的地方发展流转服务组织，为流转双方提供信息沟通、法规咨询、价格评估、合同签订、纠纷调处等服务。
2010	《中共中央　国务院关于加大统筹城乡发展力度进一步夯实农业农村发展基础的若干意见》	稳定和完善农村基本经营制度。加强土地承包经营权流转管理和服务，健全流转市场，在依法自愿有偿流转的基础上发展多种形式的适度规模经营。

年份	文件名称	关于土地流转主要内容
2012	《中共中央　国务院关于加快推进农业科技创新持续增强农产品供给保障能力的若干意见》	稳定和完善农村土地政策。按照依法自愿有偿原则，引导土地承包经营权流转，发展多种形式的适度规模经营，促进农业生产经营模式创新。加强土地承包经营权流转管理和服务，健全土地承包经营纠纷调解仲裁制度。
2013	《中共中央　国务院关于加快发展现代农业进一步增强农村发展活力的若干意见》	稳定农村土地承包关系。坚持依法自愿有偿原则，引导农村土地承包经营权有序流转，鼓励和支持承包土地向专业大户、家庭农场、农民合作社流转，发展多种形式的适度规模经营。土地流转不得搞强迫命令，确保不损害农民权益、不改变土地用途、不破坏农业综合生产能力。规范土地流转程序，逐步健全县乡村三级服务网络，强化信息沟通、政策咨询、合同签订、价格评估等流转服务。
2014	《中共中央　国务院关于全面深化农村改革加快推进农业现代化的若干意见》	发展多种形式规模经营。鼓励有条件的农户流转承包土地的经营权，加快健全土地经营权流转市场，完善县乡村三级服务和管理网络。探索建立工商企业流转农业用地风险保障金制度，严禁农用地非农化。有条件的地方，可对流转土地给予奖补。土地流转和适度规模经营要尊重农民意愿，不能强制推动。
2015	《中共中央　国务院关于加大改革创新力度加快农业现代化建设的若干意见》	加快构建新型农业经营体系。坚持和完善农村基本经营制度，坚持农民家庭经营主体地位，引导土地经营权规范有序流转，创新土地流转和规模经营方式，积极发展多种形式适度规模经营，提高农民组织化程度。土地经营权流转要尊重农民意愿，不得硬性下指标、强制推动。
2016	《中共中央　国务院关于落实发展新理念加快农业现代化实现全面小康目标的若干意见》	发挥多种形式农业适度规模经营引领作用。健全县乡农村经营管理体系，加强对土地流转和规模经营的管理服务。深化农村集体产权制度改革。依法推进土地经营权有序流转，鼓励和引导农户自愿互换承包地块实现连片耕种。
2017	《中共中央　国务院关于深入推进农业供给侧结构性改革　加快培育农业农村发展新动能的若干意见》	积极发展适度规模经营。大力培育新型农业经营主体和服务主体，通过经营权流转、股份合作、代耕代种、土地托管等多种方式，加快发展土地流转型、服务带动型等多种形式规模经营。鼓励地方探索土地流转履约保证保险。研究建立农业适度规模经营评价指标体系，引导规模经营健康发展。
2019	《中共中央　国务院关于坚持农业农村优先发展做好"三农"工作的若干意见》	深化农村土地制度改革。健全土地流转规范管理制度，发展多种形式农业适度规模经营，允许承包土地的经营权担保融资。深入推进农村集体产权制度改革。健全农村产权流转交易市场，推动农村各类产权流转交易公开规范运行。

年份	文件名称	关于土地流转主要内容
2020	《中共中央 国务院关于抓好"三农"领域重点工作确保如期实现全面小康的意见》	抓好农村重点改革任务。完善农村基本经营制度，开展第二轮土地承包到期后再延长 30 试点，在试点基础上研究制定延包的具体办法。鼓励发展多种形式适度规模经营，健全面向小农户的农业社会化服务体系。
2021	《中共中央 国务院关于全面推进乡村振兴加快农业农村现代化的意见》	深入推进农村改革。坚持农村土地农民集体所有制不动摇，坚持家庭承包经营基础性地位不动摇，有序开展第二轮土地承包到期后再延长 30 试点，保持农村土地承包关系稳定并长久不变，健全土地经营权流转服务体系。保障进城落户农民土地承包权、宅基地使用权、集体收益分配权，研究制定依法自愿有偿让的具体办法。加强农村产权流转交易和管理信息网络平台建设，提供综合性交易服务。
2022	《中共中央 国务院关于做好 2022 年全面推进乡村振兴重点工作的意见》	抓好农村改革重点任务落实。健全农垦国有农用地使用权管理制度。开展农村产权流转交易市场规范化建设试点。制定新阶段深化农村改革实施方案。
2023	《中共中央 国务院关于做好 2023 年全面推进乡村振兴重点工作的意见》	促进农业经营增效。引导土地经营权有序流转，发展农业适度规模经营。总结地方"小田并大田"等经验，探索在农民自愿前提下，结合农田建设、土地整治逐步解决细碎化问题。赋予农民更加充分的财产权益。深化农村土地制度改革，扎实搞好确权，稳步推进赋权，有序实现活权，让农民更多分享改革红利。

注：内容来源于 2005—2023 年中央一号文件。

从表 5-4 可以看出，2005—2021 年，全国及各省（区、市）家庭承包耕地流转呈逐年上升趋势，四大经济地区的农地流转面积增长趋势基本一致；截至 2021 年，全国农村土地流转面积已达 5.57 亿亩，其中四川省农村土地流转面积达 2678 万亩。

表 5-4 2005—2021 年全国及各省（区、市）家庭承包耕地流转总面积（单位：亩）

年份	2005	2009	2013	2017	2018	2019	2020	2021
全国	54673763	151541027	341020217	512113203	539020347	554980363	532189184	556978588
北京	356231	2151028	2241639	2647295	2828607	2980832	2676047	2673569
天津	411666	639620	1023212	1884854	1804140	1916395	2070014	2000899
河北	2295320	3568447	14047647	28018494	30337331	27089188	24889848	27000611
山西	768697	2020702	6846324	8563896	9241132	8039842	7901022	8075406

续表

年份	2005	2009	2013	2017	2018	2019	2020	2021
内蒙古	1042828	8830170	21139105	36664569	38080285	38412904	38041581	39896968
辽宁	999186	2080683	8117446	19423057	18722894	18778100	17029536	17624928
吉林	2381496	5867074	11375852	23230067	25773955	25551288	27200918	28261029
黑龙江	7251993	27379286	57605770	66502563	65903870	65568638	64390818	63272387
上海	752890	1214740	1188230	1321141	1491023	1503521	1529249	1497312
江苏	4853576	14683100	28921974	31605416	30950150	30815844	32298778	33682192
浙江	3569646	6767377	8651749	10502197	10803435	11194798	11025175	10731546
安徽	2425751	7032174	20757044	36351640	37849254	39507382	37340642	37845691
福建	1004891	2164322	3868668	5387179	5466092	5413814	4692760	5113973
江西	1664837	3185345	6501190	13212600	15995846	17053726	17086875	17138129
山东	1224986	5217240	16167063	31758383	34660580	38904160	39048207	43567609
河南	2107776	8988356	32164716	38678255	39460974	38282447	34223492	35192284
湖北	1068940	4024247	11943652	20383626	22479434	24007555	21145305	23226917
湖南	3283949	9386547	13796652	21781078	23965795	25670473	21614139	24090735
广东	5423339	5828200	9045439	11610286	11722890	13607300	15511896	18612813
广西	1333169	2172662	4708236	8320408	9124773	10836291	9059899	10136823
海南	121232	129284	271110	630877	620896	405160	574334	292062
重庆	1075270	6339524	13577152	15002834	15377781	15297849	14037865	14152383
四川	4568623	8700782	13606805	21342042	22937270	27140797	26277924	26782123
贵州	795786	2230402	5887479	9762178	12230871	14233952	11879036	10941714
云南	816537	2541844	6251949	8931879	9822660	10990645	11255518	12741149
陕西	1173586	2490409	5380129	13834664	15042329	14166169	12658596	12905622
甘肃	794464	1411821	7447867	13130688	13512059	13748078	11301928	12339804
青海	90196	650296	1249167	1979756	2073851	2001977	1949159	2037639
宁夏	238974	820288	2331699	3040657	3043256	3158741	3078514	3251651
新疆	777928	3025057	4905252	6610625	7696913	8702498	10400108	11892618

　　注：数据通过 2005—2021 年《全国农村经济情况统计资料》《中国农村经营管理统计年报》整理得出。限于篇幅，表中只列出部分年份数据，其中西藏数据缺失。

5.3.2　农村土地经营权流转的内在矛盾

　　如图 5-3 所示，样本期间四川省农村土地流转面积占承包耕地总面积比例整体呈上升趋势，截至 2021 年，四川省农村土地流转占比达到 29.449%，全国农村土地流转占比达到 35.371%，小农户依然是我国农业的主导经营主体。如图 5－4 所示，根据四川省农村土地流转去向来看，农户间的自发流转依然是农村土地经营权流转的主要方式，说明农村土地产权交易市场的发育依然比较缓慢。

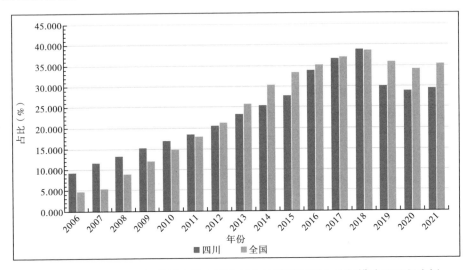

图 5－3　2006—2021 年四川省及全国农村土地流转面积占承包耕地总面积比例

注：数据来源同表 5－4。

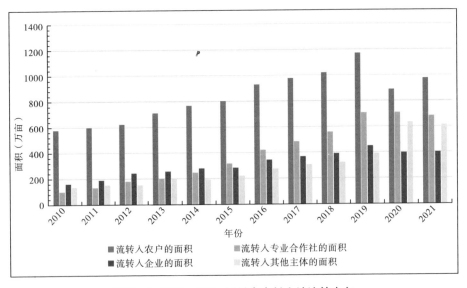

图 5－4　2010—2021 四川省农村土地流转去向

注：数据来自土流网。

马克思曾指出，小农经济不可能有合理耕作的条件，从经济观点看，大规模地耕种土地比在小块和分散土地上经营农业要优越得多①。在土地承包经营权长久不变的政策激励下，小农的土地产权意识日渐增强，权利的硬化使农民更加不会愿意轻易放弃承包经营权，这也是小农经济条件下土地流转进展缓慢的重要因素。因此，发展土地规模经营，是调整现有小农生产方式与农业生产发展不适应性的迫切需要，这种改变不是出自人们的主观意愿，而是已经形成的经济技术条件和发展农业生产力的客观需要，既不能单纯地依靠农户自发实现，也不能完全依靠市场经济的推动，通过生产关系的变革循循善诱地加速这一过程是现实的选择。

5.4　农业科技创新

5.4.1　农业科技创新推动传统农业转型升级

从传统农业向现代农业的发展主要采用两种技术：一是农业机械技术，二是生物和化学技术。前者主要涵盖土地整理、抽水、收割、脱粒、碾磨等环节中机械动力的使用，使农业生产向机械化、信息化、智能化方向发展；后者主要是通过基因工程、化学药物培育高产、抗病抗逆境的优良农作物。生物和化学技术可以直接作用于农作物或土壤，加速农作物生长速度，提高产量，改进质量，对农业生产产生直接影响。但农业机械技术必须和劳动力结合才能作用于农业生产，如小农会在播种、除草、运输等环节使用农业机械，但在施肥、打药、收割等环节采取人工作业方式；种植大户、农业企业等经营主体更倾向于使用大型农业机械作业，而小农会以小型农业机械为主。

农业技术的进步不仅受工业技术和农业科研的影响，与农业生产组织方式也有着密切联系。通过收集整理 1978—1990 年四川省农业机械拥有量发现，1982 年家庭联产承包责任制改革普遍推行后，大中型拖拉机拥有量持续 8 年下降，截至 1990 年，仅为改革前的 63％。在此期间，耕地牲畜的存栏量增加了 16％左右。另外，小型拖拉机的数量继续增加，改革后 8 年，小型拖拉机数量增加了 65％。在小型拖拉机数量增加的同时，大中型拖拉机的数量却有

---

① 中共中央马克思恩格斯列宁斯大林著作编译局. 马克思恩格斯选集（第 2 卷）[M]. 北京：人民出版社，1972：452.

所减少，说明大型拖拉机不适合在小农场使用，所以在生产中被废弃了。以拖拉机为中心的生产服务体系，包括零部件和柴油的供应链、操作人员的培训学校和管理组织以及维修服务，都相应受到影响。当土地制度改革缩小了农场规模，并通过激励农民更加努力地工作来增加有效的劳动力供给时，技术密集型生产方式就不再适应生产关系需要，小农生产方式对大型机械产生挤出效应。然而，这种小农体系难以支撑生产力的持续发展，其大量使用化肥农药带来农业粗放型增长的同时，也产生了严重的面源污染。由表5—5可以看出，四川省农业机械的投入和使用与其他省份相比有较大差距，平均每千公顷耕地上拖拉机使用量排名靠后，而平均每千公顷耕地上化肥施用量居于中等水平。

表5—5 2021年全国各地区农业机械使用数据比较

地区	平均每个农业就业人口耕地面积（公顷/人）	平均每千公顷耕地上拖拉机使用量（台/千公顷）	平均每千公顷耕地上收割机使用量（台/千公顷）	平均每千公顷耕地上化肥施用量（吨/千公顷）
全国	0.7	170.0	17.5	406.0
北京	0.1	64.2	10.7	673.8
天津	0.3	48.5	18.2	476.3
河北	0.8	233.7	29.5	458.9
山西	1.0	101.3	9.6	272.9
内蒙古	2.7	108.6	3.8	210.4
辽宁	0.9	113.9	6.9	260.5
吉林	1.7	172.0	16.0	297.4
黑龙江	3.3	92.4	10.4	139.0
上海	0.6	55.6	12.3	407.4
江苏	0.6	168.7	41.3	673.9
浙江	0.6	41.8	10.8	529.3
安徽	0.7	402.0	42.0	513.3
福建	0.3	90.1	11.8	1036.5
江西	0.6	139.3	33.8	399.0
山东	0.5	379.1	52.0	574.1
河南	0.6	447.7	41.1	831.4
湖北	0.5	272.2	23.7	550.7
湖南	0.5	88.7	36.4	603.7

地区	平均每个农业就业人口耕地面积（公顷/人）	平均每千公顷耕地上拖拉机使用量（台/千公顷）	平均每千公顷耕地上收割机使用量（台/千公顷）	平均每千公顷耕地上化肥施用量（吨/千公顷）
广东	0.3	169.3	15.8	1119.4
广西	0.4	163.9	10.9	761.6
海南	0.3	164.3	10.3	838.0
重庆	0.5	3.7	5.9	476.4
四川	0.3	42.3	7.5	396.4
贵州	0.6	35.7	1.2	218.9
云南	0.5	64.9	1.7	364.6
西藏	0.6	640.1	11.3	99.5
陕西	0.5	108.7	14.7	688.1
甘肃	0.9	163.5	2.5	154.3
青海	0.8	459.1	7.1	97.5
宁夏	1.5	183.2	8.4	318.7
新疆	1.5	103.4	2.4	352.6

注：数据来自 2022 年《中国统计年鉴》《中国农村统计年鉴》。

近年来，随着农业科技水平的大幅提升，成果转化和推广不断加强，为转变农业发展方式和调整产业结构提供了有力支撑。从全球范围来看，我国农业科技整体水平已经进入了世界前列，农业科技进步的贡献率高达 62.4%，作物良种的覆盖率超过了 96%，品种对单产的贡献率达到了 45%。在畜禽和水产领域，核心种源的自给率分别超过了 75% 和 85%，农作物的耕种收综合机械化率达到了 73%。科技的力量正在推动我国农业生产效率和效益的持续提升，已经成为我国现代农业发展的战略性支撑。

5.4.2　四川省农业技术的应用和推广

四川省作为中国西南地区的农业大省，近年来在农业技术的应用和推广方面取得了显著成效。根据四川省农业部门发布的数据，2023 年四川省农业总产值达到 5821.7 亿元，同比增长 5.3%。在种植业领域，通过引进和培育杂交水稻、抗病小麦等优质高效的作物品种，显著提高了单位面积产量。例如，杂交水稻的推广使得平均亩产提高到 500 公斤以上，较传统品种增产 20% 左右。此外，设施农业的发展也促进了蔬菜、水果等经济作物的周年生产，增加了农民的收入。在畜牧业领域，四川省积极推广现代养殖技术和管理方法，如标准化养殖场建设、智能化饲喂系统等，有效提升了畜产品的质量和生产效率。据统计，2023 年四川省生猪出栏量继续保持全国第一，牛、羊、禽养殖结构进一步优化，其中，生猪出栏 6662.7 万头，牛出栏 316.4 万头，羊出栏 1767.3 万只，家禽出栏 76511.9 万只，畜牧业产值占农业总产值的比重逐年上升。农业机械化水平的提升也是四川省农业技术应用的一大亮点。截至 2023 年底，四川省农机装备总动力首次突破 5000 万千瓦，主要农作物耕种收综合机械化率达到 69%，水稻、小麦耕种收综合机械化率超过 80%，农业生产的效率和稳定性得到了很大提升。

尽管四川省在农业技术的应用和推广方面取得了一定成效，但小农经营和丘陵地形的经济结构与地理特征也给农业技术的推广带来了不少挑战。首先，由于四川丘陵地区地块分散、规模较小，大规模机械化作业难以实现，导致农业劳动生产率相对较低。同时，小农户对于新技术的认知度不高，缺乏足够的资金和动力去投入高昂的技术改造费用。其次，信息传递不畅是制约技术推广的另一个重要因素。在丘陵地带，农户居住分散，新技术的宣传、培训和服务工作难以有效覆盖到每一个农户。此外，农业技术推广服务体系尚不完善，专业推广人员短缺，不能满足广大农户对技术指导的需求。再次，当前农业技术的推广内容与四川省小农的实际需求有一定程度的脱节。部分高新技术并不完全适用于山区的实际生产条件，而针对当地特色作物和适应性强的中小型机械研发不足，农业技术推广的实用性大打折扣。最后，政策支持力度和激励机制还需完善。虽然政府推出了多项扶持政策，但在具体操作层面还需进一步探索和完善，以更有效地激励和保障小农采纳新技术。

第6章 资源环境约束下的四川农村土地利用效率测度分析

随着人口增长、经济发展及城市化进程的加快，对土地资源的需求日益增加，对环境保护的要求也日益严格。在这样的背景下，对资源环境约束下的四川农村土地利用效率进行测度分析，对于科学、高效地开发利用农村土地资源，促进农业生产的可持续发展，具有重要意义。

6.1 农业面源污染测度分析

面源污染又称非点源污染，主要是由溶解的污染物和固定污染物从特定地点，在降水冲刷作用下，通过地表径流过程进入受纳水体引起富营养化及其他形式的污染。农业面源污染就是在农业生产活动中，地表的土壤泥沙颗粒、氮磷等营养物质、农药、秸秆农膜等固体废弃物、畜禽养殖粪便、生活污染垃圾等污染物，通过地表径流、农田排水及地下渗漏等方式输入水体，从而引起的环境污染。农业面源污染的强度既是界定农业发展方式的重要标准，也是衡量农村土地利用效率的重要指标。

6.1.1 计算方法

农业面源污染主要包括化学需氧量（COD_{Cr}）、总氮（TN）和总磷（TP）等废弃物排放。在综合对比分析已有的关于农业面源污染核算方法的基础上，借鉴陈敏鹏等（2006）[①] 的研究成果，选取以综合调查为基础的清单分析法，从农业化肥、畜禽养殖、农田固体废弃物及农村生活四类产污单元来计算农业面源污染，其产污单元清单及相关系数见表 6-1。各个产污单元、污染物产生量和排放量之间的数量关系，即农业面源污染排放量的计算公式为

$$\sum_i EU_i \rho_i (1 - \mu_i) C_i$$

$$PI = E/S$$

式中，E 为农业面源污染的排放总量；EU_i 为单元 i 指标统计数；ρ_i 为单元 i 的产污强度系数；μ_i 为单元 i 污染物的利用效率系数；EU_i 和 ρ_i 之积是农业面源污染的排放量，即不考虑资源循环使用等因素时农业生产所产生的最大范围的污染量；C_i 为单元 i 污染物的排放系数。各产污单元的数据均来自官方统计年鉴，各参数值则通过广泛的文献调研并参考"全国第一次污染源普查"中有关农业污染源的各产污系数手册得到。同时，将全国划分为东部、中部、西部和东北地区。本书仅采集了 2000—2017 年的数据[②]，见表 6-2。

表 6-1 农业面源污染产污单元清单及相关系数

污染来源	产污单元指标	影响参数	排放清单
农业化肥	农用氮肥、磷肥、复合肥施用折纯量	复合肥的氮、磷含量（%）；各地区氮肥磷肥流失率（%）	TN、TP
畜禽养殖	猪、牛、羊、家禽年末出栏/存栏数	畜禽粪尿及排泄污染物年排泄系数（kg/头）；各地区畜禽粪尿利用率及污染物流失率（%）	COD_{Cr}、TN、TP
农田固体废物	豆类、稻谷、玉米、小麦、蔬菜、薯类、油料总产量	蔬菜固废产量比（%）；农作物秸秆粮食比（%）；固体废弃物养分含量及产污系数（%）；不同利用方式下秸秆养分还田率、流失率（%）；部分地区秸秆利用结构（%）	COD_{Cr}、TN、TP
农业生活	乡村人口数	农村生活污水、粪尿产污系数（kg/人）和流失率（%）	COD_{Cr}、TN、TP

---

① 陈敏鹏，陈吉宁，赖斯芸. 中国农业和农村污染的清单分析与空间特征识别 [J]. 中国环境科学，2006，26（6）：751-755.

② 付磊，李德山. 中国农业面源污染与绿色全要素生产率的区域差异 [J]. 西南科技大学学报（哲学社会科学版），2021，38（3）：37-48.

表 6-2　2000—2017 年全国各地区农业面源污染总量及强度平均值

地区	总量平均值（万吨）	强度平均值（吨/公顷）
安徽	162.10	0.18
北京	18.77	0.69
福建	89.92	0.38
甘肃	79.69	0.20
广东	208.91	0.44
广西	184.11	0.30
贵州	120.73	0.24
海南	22.22	0.27
河北	251.05	0.29
河南	396.87	0.28
黑龙江	148.44	0.13
湖北	201.14	0.26
湖南	298.16	0.37
吉林	117.71	0.23
江苏	152.95	0.20
江西	145.41	0.27
辽宁	160.14	0.41
内蒙古	126.27	0.19
宁夏	21.16	0.18
山东	364.31	0.33
山西	54.76	0.15
陕西	80.75	0.19
上海	12.50	0.32
四川	364.69	0.38
天津	20.65	0.43
西藏	96.96	4.04
新疆	131.25	0.31
青海	79.01	1.51

地区	总量平均值（万吨）	强度平均值（吨/公顷）
云南	179.40	0.28
浙江	86.31	0.34
重庆	74.63	0.22
全国	143.58	0.45

注：数据通过 2001—2018 年《中国统计年鉴》及各省份统计年鉴整理计算得出。

6.1.2 全国各地区农业面源污染分布情况

农业面源污染对于生态环境的影响，主要体现在污染物的排放总量和排放强度。由表 6-2 中 2000—2017 年全国各地区（不包含港澳台地区）农业面源污染总量及强度平均值数据可知，全国面源污染总量平均值为 143.58 万吨，平均单位面积的排放强度为 0.45 吨/公顷，两个指标呈现出完全一致的发展趋势。

图 6-1 为 2000—2017 年全国各地区农业面源污染总量平均值，河南以 396.87 万吨位居第一，紧随其后的四川和山东农业面源污染总量也超过了 300 万吨。其主要原因可能是河南、四川、山东作为人口大省、传统农业大省，人口密度大，家庭农场式农业占比大，农户合理使用化肥、农药的意识还需加强。过度的农用物资应用造成面源污染扩大。农业面源污染总量平均值最低的三个地区分别为天津、北京和上海，这三个直辖市的农业面源污染平均值仅为 17.31 万吨，这主要是由于这三个地区第一产业占比较少，经济实力与先进的科学技术带动农业现代化发展进程较快，加之所处地区自然资源禀赋，高新现代化农业企业发展迅速，农业面源污染较少。

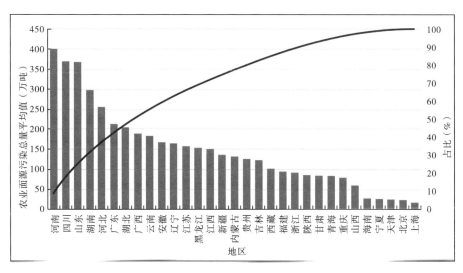

图 6-1　2000—2017 年全国各地区农业面源污染总量平均值

根据图 6-1 全国各地区农业面源污染强度平均值，得出如图 6-2 所示趋势图。由图 6-2 可知，仅西藏、青海、北京的农业面源污染强度平均值高于全国水平（0.45 吨/公顷），其中西藏 4.04 吨/公顷、青海 1.51 吨/公顷，远高于全国平均值，这主要是因为这些地区人均耕地较少。从农业面源污染的来源看，化学需氧量污染主要来自农村生活污水和畜禽养殖产生的污染物，总氮和总磷污染主要来自畜禽养殖和化肥过度使用产生的污染物。

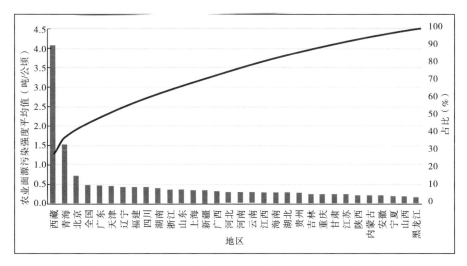

图 6-2　2000—2017 年全国各地区农业面源污染强度平均值

6.1.3 四川省农业面源污染分布情况

基于 2000—2017 年西部地区 12 个省（区、市）农业面源污染数据（表 6-3），四川农业面源污染总量平均值为 364.69 万吨，位居全国第二、西部地区第一；平均排放强度为 0.38 吨/公顷，位居全国第八、西部地区第三。从农业面源污染的来源看，化学需氧量污染主要来自农村生活污水和畜禽养殖产生的污染物，总氮和总磷污染主要来自畜禽养殖和化肥过度使用产生的污染物。就四川而言，农业面源污染主要来自畜禽养殖，平均贡献度超过 70%，这与四川作为畜牧业大省的定位是分不开的。从时间序列来看，排污总量在 2000—2005 年快速上升，随后缓慢下降，整体呈现倒 "U" 形发展（图 6-3）。

表 6-3 2000—2017 年西部地区农业面源污染总量及强度平均值

地区	总量平均值（万吨）	强度平均值（吨/公顷）
西藏	96.96	4.04
青海	79.01	1.51
四川	364.69	0.38
广西	184.11	0.30
云南	179.40	0.28
贵州	120.73	0.24
重庆	74.63	0.22
甘肃	79.69	0.20
陕西	80.75	0.19
内蒙古	126.27	0.19
宁夏	21.16	0.18
新疆	131.25	0.31
西部地区	128.22	0.67

注：数据通过 2001—2018 年《中国统计年鉴》及各地区统计年鉴整理计算得出。

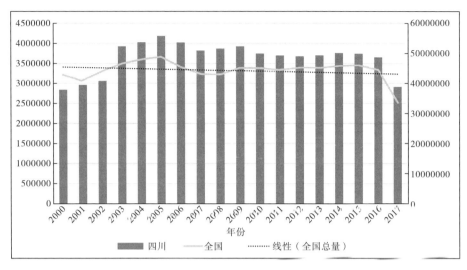

图6—3　2000—2017年四川农业面源污染总量

近年来，四川省在农业绿色发展的道路上持续深化改革，积极探索具有四川特色的农业绿色发展新模式，采取了一系列有力措施，取得了显著成效。2017年，四川省人民政府办公厅发布《关于加快推进畜禽养殖废弃物资源化利用的实施意见》，将提高规模化标准化生产水平作为畜牧业转型升级、推进绿色发展的主攻方向，逐步实现农业面源污染的综合防治和减量发展。2018年，四川省委办公厅、省政府办公厅印发《四川省创新体制机制推进农业绿色发展实施方案》，旨在推动主要农作物的农药、化肥等农药使用量实现零增长，规划到2030年实现农药化肥利用率进一步提升，农业废弃物实现综合资源化利用。2022年，四川省生态环境厅印发《四川省"十四五"农业农村生态环境保护规划》，进一步要求强化农村空间分区管控，系统开展农村环境整治，加强农业面源污染治理与监督，强化农业农村生态环境监管能力建设。

这一系列政策的出台，对于农业面源污染防治起到了重要作用。据四川省农业农村厅官方数据公布，截至2021年底，全省畜禽粪污综合利用率达到76%，规模养殖场设施设备配套率达到99%，有效实现"以种定养、以养定种，就地消纳、种养循环"；秸秆综合利用量超过2800万吨，综合利用率保持在92%以上；农膜回收率突破80%，农药包装废弃物回收利用率达到74%以上。可见，随着政府对农业面源污染问题的高度重视和持续努力，四川农业生态环境治理取得了显著成效。

6.2 四川与全国其他地区农业全要素生产率的对比分析

农业全要素生产率是通过投入与产出之间的增长关系变化间接地衡量农业经济效率，反映生产力的发展水平，它也是反映农村土地利用的投入、产出效率的重要指标。

6.2.1 研究方法

本书采用数据包络分析（Data Envelopment Analysis，DEA）法中产出导向的规模报酬可变（Variable Returns to Scale，VRS）径向全局 Malmquist 指数（Global－Malmquist 指数，简称 GM 指数），分析测算我国农业全要素生产率的变化情况。DEA 法是一种基于线性规划的评价多投入多产出决策单元的非参数方法，相较于其他效率评价方法，它可以更有效地处理多投入多产出的复杂决策单元效率问题，由于投入—产出权重是由数学规划和具体数据求出的，不用人为设定，所以更具有客观性，且不受数据量纲的影响。1978 年Charnes 等首次提出了一个基于规模报酬不变（Constant Returns to Scale，CRS）的 DEA 模型，1984 年 Banker 等提出了基于规模报酬可变（VRS）的DEA 模型（成刚，2012）[①]。规模报酬可变适用于本研究的现实情况，所以选用 VRS 径向模型。截面的 DEA 模型是针对某一时间的生产技术而言，测算的是某一时间的技术效率，但是生产是一个长期、连续的过程，在这一过程中的技术是不断变化的，所以当决策单元的数据是多个时间点的面板数据时，就可以对生产效率、技术效率、技术进步的变化情况进行测算，这就是Malmquist 全要素生产率指数分析。Fare 等（1992）最早用 DEA 法计算Malmquist 指数，弥补了静态截面 DEA 模型不能对面板数据进行分析的不足。Malmquist 指数表示 t 期到 $t+1$ 期全要素生产率的变化程度，若 $M_i>1$，则表示生产率上升；若 $M_i<1$，则表示生产率下降；若 $M_i=1$，则表示生产率不变。本书选用全局 Malmquist 指数，其各期参考的是同一个前沿，是以所有各期的总和为参考集，参考集如下：

$$S^g = S^1 \cup S^2 \cup \cdots \cup S^P = \{(x_j^1, y_j^1)\} \cup \{(x_j^2, y_j^2)\} \cup \cdots \cup \{(x_j^P, y_j^P)\}$$

① 成刚，钱振华. 基于相邻共同参比方法的 Malmquist 模型［J］. 系统工程，2012，30（2）：105－109.

全局 Malmquist 指数计算公式为

$$M_g(x^{t+1}, y^{t+1}, x^t, y^t) = E_g \frac{(x^{t+1}, y^{t+1})}{E^g(x^t, y^t)}$$

t 到 $t+1$ 的技术效率变化为

$$EC = \frac{E^{t+1}(x^{t+1}, y^{t+1})}{E^t(x^t, y^t)}$$

t 到 $t+1$ 的技术变化为

$$TC = \frac{E^g(x^{t+1}, y^{t+1})/E^{t+1}(x^{t+1}, y^{t+1})}{E^g(x^t, y^t)/E^t(x^t, y^t)}$$

式中，分子为前沿 $t+1$ 与全局前沿接近的程度，分母为前沿 t 与全局前沿接近的程度，所以上式表达的是前沿 $t+1$ 与前沿 t 相比的变化程度，故可以进一步变化为

$$TC = \frac{E^g(x^{t+1}, y^{t+1})E^t(x^t, y^t)}{E^{t+1}(x^{t+1}, y^{t+1})E^g(x^t, y^t)}$$

因此，全局 Malmquist 指数可以分解为技术效率变化与技术变化：

$$\begin{aligned} M_g(x^{t+1}, y^{t+1}, x^t, y^t) &= \frac{E^g(x^{t+1}, y^{t+1})}{E^g(x^t, y^t)} \\ &= \frac{E^{t+1}(x^{t+1}, y^{t+1})}{E^t(x^t, y^t)} \times \frac{E^g(x^{t+1}, y^{t+1})E^t(x^t, y^t)}{E^{t+1}(x^{t+1}, y^{t+1})E^g(x^t, y^t)} \\ &= EC \times TC \end{aligned}$$

相较于同期 Malmquist 指数，由于全局 Malmquist 指数各期参考的是共同的全局前沿，具备传递性，可以累乘，其分解出的技术效率变化与技术变化都具有传递性，以固定基期进行各期累乘作为因变量可以更好地解释现实状况。而同期 Malmquist 指数不具有传递性，所以不可累乘，只可分析全要素生产率在相邻时期内的短期变化，无法分析其长期变化趋势，故以每一期的效率变技术值作为因变量，表达的经济含义较模糊。另外，同期 Malmquist 指数会存在线性规划无解情况，而全局 Malmquist 指数模型则可以避免[1]。

6.2.2 数据来源及指标

本书旨在考察环境约束条件下我国农业全要素生产率的动态演进，选取 2000—2021 年我国各地区（不包含港澳台地区，西藏地区数据缺失）农业发展指标的面板数据，数据来自《中国统计年鉴》《中国农村统计年鉴》《中国农

---

[1] 付磊，李德山. 中国城市土地利用效率测度 [J]. 城市问题，2019（7）：50—58，67.

业年鉴》《新中国六十年统计资料汇编》及各地方年鉴。借鉴已有研究成果，选取的农业投入和产出变量如下：

第一，投入指标包括土地、劳动、机械、化肥及灌溉五个方面。土地投入以农作物播种面积计算，单位为千公顷；劳动投入以第一产业从业人数计算，单位为万人；机械投入以农业机械总动力来计算，单位为万千瓦；化肥投入以氮肥、磷肥、钾肥和复合肥等农业生产化肥施用量按折纯量计算，单位为万吨；灌溉投入以农作物灌溉面积计算，单位为千公顷。第二，产出以第一产业产值计算，单位为亿元。投入—产出指标描述性统计分析见表6-4。

表6-4 农业发展投入—产出指标描述性统计分析

指标	最小值	最大值	平均值	标准差	样本数
第一产业产值（亿元）	40.10	6029.03	1419.33	1255.83	660
第一产业就业人数（万人）	25	3564	3564	688.34	660
农业机械总动力（万千瓦）	94	13353	13353	2711.73	660
农作物灌溉面积（千公顷）	109.20	6177.60	6177.60	1538.24	660
农业生产化肥施用量（万吨）	4.90	716.10	716.10	137.24	660
农作物播种面积（千公顷）	88.60	15065	15065	3628.56	660

注：数据通过《中国统计年鉴》《中国农村统计年鉴》《中国农业年鉴》《新中国六十年统计资料汇编》及各地方年鉴整理计算得出。

6.2.3 全国各地区农业全要素生产率增长变化及分解

根据2000—2021年各省（区、市）样本数据，将各地区（不包含港澳台地区，西藏地区数据缺失）分为四个部分[①]，即东部地区、西部地区、中部地区和东北地区。采用全局Malmquist指数模型，分别测算出全国各地区在共同前沿下农业全要素生产率平均值和分解值（表6-5）、四大地区在群组前沿下农业全要素生产率平均值和分解值（表6-6）。

表6-5 2000—2021年全国各地区在共同前沿下农业全要素生产率平均值和分解值

地区	ML	EFFCH	TECH
北京	1.073	0.974	1.102

① 地区区域的划分采用国家统计局2011年公布的划分方法。

地区	ML	EFFCH	TECH
天津	1.089	0.983	1.107
河北	1.107	1.000	1.106
山西	1.098	1.015	1.082
内蒙古	1.091	0.985	1.107
辽宁	1.077	0.989	1.089
吉林	1.077	0.967	1.113
黑龙江	1.121	1.013	1.107
上海	1.058	0.972	1.089
江苏	1.121	1.006	1.114
浙江	1.097	1.002	1.095
安徽	1.096	1.002	1.094
福建	1.105	1.000	1.105
江西	1.072	1.001	1.072
山东	1.107	0.999	1.109
河南	1.116	1.009	1.106
湖北	1.091	1.008	1.082
湖南	1.074	1.001	1.073
广东	1.071	1.006	1.065
广西	1.079	1.025	1.052
海南	1.062	1.000	1.062
重庆市	1.082	1.028	1.052
四川	1.080	1.012	1.067
贵州	1.099	1.031	1.066
云南	1.078	1.012	1.065
陕西	1.102	1.041	1.058
甘肃	1.079	1.006	1.073
青海	1.120	1.013	1.106
宁夏	1.126	1.017	1.107

地区	ML	EFFCH	TECH
新疆	1.096	0.983	1.114
全国	1.091	1.003	1.088

注：根据表 6—4 中的数据计算得出。

表 6—6　2000—2021 年在群组前沿下四大地区农业全要素生产率平均值和分解值

地区	ML	EFFCH	TECH
东部地区	1.089	0.994	1.095
中部西区	1.091	1.006	1.085
西部地区	1.094	1.014	1.079
东北地区	1.091	0.990	1.103
全国	1.091	1.001	1.090

注：根据表 6—5 中的数据计算得出。

通过计算全国各地区农业全要素生产率，考虑环境约束，全国效率平均值为 1.091，其中宁夏位居第一，达到 1.126，之后依次为黑龙江（江苏）、青海、河南。农业全要素生产率排名前五的地区分布于四个区域，这说明我国农业全要素生产率的提升总体上较为均衡，农业发展状况较好。其中，宁夏、青海为西部地区，得益于 2000 年开始我国实行"西部大开发"战略，西部地区要素配置得到改善，工业化程度不断提升，为农业技术推广、农业机械化提供了助力。宁夏地处河套平原，土地肥沃，灌溉系统发达，耕地面积在农用地中占比较大，向来以盛产粮食而著称，被誉为"塞上粮仓"。规模土地在拥有优越自然条件的基础上，加上政策扶持，促进了农业规模化、集约化。农业现代化的提升也意味着农业劳动力需求程度不大，农业结构不断完善，技术效率不断提高。这些均是促使宁夏、青海等地区农业全要素生产率位居前列的重要原因。上海的农业全要素生产率最低，仅 1.058。另外，低于全国平均值的有 16 个地区，主要原因是该这些地区农业资源配置程度不一，劳动力、资本、土地无法形成规模化、集约化农业生产。对农业全要素生产率效率进行分解，以技术进步分解指数来看，新疆、江苏农业全要素生产率高的主要原因是技术进步。其中，新疆的数据十分优异，主要是因为新疆拥有丰富的土地资源，人均耕地面积较大，国家注重农业技术帮扶，近年来沙漠绿洲现代农业发展迅速，极大提升了农业效率。以技术效率分解指数来看，陕西、贵州、宁夏、山西等地区位于前列，说明这些地区主要是由技术效率促进农业全要素生产率的提升，佐证了技术应用推广是农业全要素生产率增长的源泉。

从区域视角来分析近年来农业全要素生产率，平均值最高的是西部地区，随后依次是东北地区、中部地区、东部地区。西部地区从 2000 年开始，受到"西部大开发"的政策扶持，经济发展速度加快，工业化程度不断提升，教育水平不断提高，促进了农业技术进步和技术效率的提升，农业现代化发展成效显著。另外，西部地区技术进步分解指数与技术效率分解指数高于 1，证明西部地区农业全要素生产率的提升是技术进步和效率提升共同作用的结果。其他三个地区的农业全要素生产率均高于 1，从技术进步分解指数与技术效率分解指数来看，东北地区和东部地区虽然技术进步分解指数较高，但技术效率分解指数小于 1，这说明该地区的农业全要素生产率增长主要依靠农业技术的快速进步和经济水平的高速增长，而资源要素的配置不尽合理，阻碍了农业全要素生产率的提升。

6.2.4　四川农业全要素生产率变化及分解

以四川为重点研究对象地区，基于全国数据，首先采用全局 Malmquist 指数模型，测算出四川、西部地区及全国共同前沿下农业全要素生产率平均值和分解值，见表 6-7。

表 6-7　2000—2021 年四川、西部地区及全国共同前沿下农业全要素生产率平均值和分解值

地区	四川省			西部地区			全国		
指数	ML	EFFCH	TECH	ML	EFFCH	TECH	ML	EFFCH	TECH
2000—2001 年	1.041	1.043	0.998	1.026	1.016	1.009	1.035	1.012	1.023
2001—2002 年	1.08	1.024	1.054	1.029	0.965	1.067	1.045	0.960	1.088
2002—2003 年	1.082	1.137	0.951	1.080	1.088	0.993	1.069	1.049	1.020
2003—2004 年	1.139	1.187	0.96	1.164	1.157	1.006	1.164	1.125	1.034
2004—2005 年	1.018	0.899	1.133	1.052	0.951	1.107	1.059	0.965	1.097
2005—2006 年	1.108	1.098	1.009	1.028	0.990	1.038	1.039	0.992	1.047
2006—2007 年	1.162	1.09	1.066	1.145	1.057	1.083	1.154	1.051	1.098
2007—2008 年	1.06	0.965	1.099	1.137	1.011	1.124	1.140	1.008	1.131
2008—2009 年	0.978	0.941	1.039	1.016	0.969	1.049	1.033	0.979	1.055
2009—2010 年	1.091	0.944	1.156	1.086	0.921	1.178	1.111	0.946	1.175
2010—2011 年	1.166	0.992	1.176	1.162	0.991	1.172	1.163	0.991	1.174

地区	四川省			西部地区			全国		
2011—2012 年	1.081	0.991	1.091	1.101	1.029	1.070	1.099	1.022	1.075
2012—2013 年	1.031	1.002	1.029	1.112	1.031	1.079	1.099	1.003	1.096
2013—2014 年	1.074	1.027	1.046	1.074	1.005	1.069	1.072	0.999	1.072
2014—2015 年	1.028	0.991	1.037	1.052	1.006	1.046	1.047	0.983	1.065
2015—2016 年	1.073	0.96	1.118	1.101	0.979	1.124	1.076	0.956	1.126
2016—2017 年	1.107	1.072	1.033	1.076	1.025	1.050	1.071	1.004	1.067
2017—2018 年	1.053	0.966	1.09	1.101	0.997	1.104	1.085	0.982	1.105
2018—2019 年	1.123	0.967	1.162	1.152	0.982	1.173	1.131	0.982	1.151
2019—2020 年	1.192	1.081	1.103	1.178	1.036	1.137	1.156	1.025	1.127
2020—2021 年	1.027	0.935	1.098	1.115	1.114	1.000	1.088	1.050	1.036
平均值	1.080	1.012	1.067	1.094	1.014	1.079	1.091	1.003	1.088

注：根据表 6-4 中的数据计算得出。由于篇幅有限只列出部分年份的共同前沿下测算结果，下同。

从表 6-7 可以看出，2000—2021 年，考虑环境因素，四川农业全要素生产率年均增长 8%，技术进步分解指数年均增长 6.7%，技术效率指数年均增长 1.2%，增长的动力主要来自技术进步，属于技术诱导型。从全要素生产率年均增长值来看，相比全国的 9.1% 和西部地区的 9.3%，四川增长水平较低；从技术进步分解指数的年均增长值来看，四川略低于西部地区平均水平，与全国水平还有较大差距；从技术效率分解指数的年均增长值来看，四川增长率与西部地区和全国平均值基本持平。数据表明，四川省农业生产力发展及农村土地利用效率与全国平均水平尚有较大差距，其中劳动力、资本、土地等资源要素的错配程度较高，技术效率提升缓慢，消解了技术进步带来的农业效率提升效果。如图 6-4 所示，从时间演进来看，农业全要素生产率增长值的波动较小，除 2008—2009 年为负向增长外，其他时段增长率均为正向，其中 2006—2007 年增长率达到最高（6.2%）。技术效率指数在大多数年份呈负向增长，特别是 2004—2005 年负向增长率达到 10.1%，说明农村土地制度在较大程度上影响了农业生产率的提升。

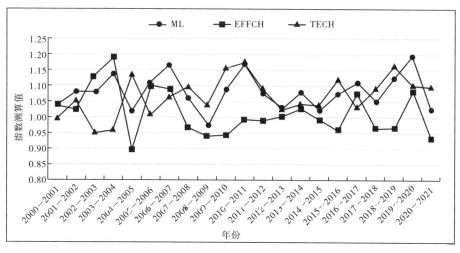

图 6-4　2000—2021 年四川农业全要素生产率平均值和分解值分布图

6.3　四川各地区农村土地利用效率分析

四川省土地资源丰富多样，但也面临着资源环境的多重约束。本节旨在考虑四川各地区的资源禀赋差异，通过测度各地区的土地利用效率，分析资源环境约束下农村土地利用的现状及问题。

6.3.1　研究方法

数据包络分析（DEA）法也称为非参数方法，是由美国著名运筹学家和经济学家 Charnes、Cooper 和 Rhodes 于 1978 年提出的一种基于生产函数理论基础，从多投入、多产出指标出发，评价相同类型决策单元相对效率的分析方法。CCR 模型是最早的 DEA 模型，是在基于假设规模报酬不变的导向下进行投入－产出研究分析，各个权重以线性规划的形式来确定，进而构建出一个体现效率最优的评价体系，通过分析测算得出各个评价因素的效率。基于投入导向的 CCR 模型的形式可表述为

$$\min\Big[\theta - \epsilon\Big(\sum_{i=1}^{m} s^- + \sum_{i=1}^{p} s^+\Big)\Big]$$

$$\text{s. t.} \sum_{j=1}^{n} \lambda_j X_{ij} + s^- = \theta X_0$$

$$\sum_{j=1}^{n} \lambda_j Y_{ij} - s^+ = Y_0$$

$$\lambda_j \geqslant 0, j = 1, 2, \cdots, n, s^- \geqslant 0, s^+ \geqslant 0$$

CCR 模型假设生产技术的规模收益不变，或者虽然生产技术规模收益可变，但假设所有被评价决策单元（Decision Marking Units，DMU）均处于最优生产规模阶段，即处于规模收益不变阶段，故 CCR 模型得出的技术效率包含规模效率的成分。BCC 模型是由 Banker、Charnes 和 Cooper（1984）三人提出的估计规模效率的 DEA 模型，相较于 CCR 模型，BCC 模型是在基于规模报酬可变的状态条件下测算各个决策单元的效率，其得出的研究结果可以区分纯技术效率与规模效率。因此，本书结合 BCC 模型和 CCR 模型对四川各地农村土地利用效率进行综合评价。

将四川每个地区作为一个决策单元，假设有 n 个决策单元 DMU_j（$j=1$, $2,\cdots,n$），每个决策单元都有 m 种投入 X_i（$i=1,2,\cdots,m$），以及 s 种产出 Y_r（$r=1,2,\cdots,s$），当前要评价的 DMU 记作 DMU_k，那么第 j 个地区基于规模报酬可变的 BCC 模型表达式如下：

$$\min\left[\theta - \varepsilon\left(\sum_{i=1}^{m} s^- + \sum_{i=1}^{p} s^+\right)\right]$$

$$s.t. \sum_{j=1}^{n} \lambda_j X_{ij} + s^- = \theta X_0$$

$$\sum_{j=1}^{n} \lambda_j Y_{rj} - s^+ = Y_0$$

$$\sum_{j=1}^{n} \lambda_j = 1$$

$$\lambda_j \geqslant 0, j = 1, 2, \cdots n, s^- \geqslant 0, s^+ \geqslant 0$$

式中，θ 表示相对效率；s^- 和 s^+ 分别表示投入无效和产出不足的松弛变量；ε 表示非阿基米德无穷小，通常 $\varepsilon=0.000001$；λ_j 为权重向量；X_{ij} 和 Y_{rj} 分别表示投入向量和产出向量；X_0 和 Y_0 为当前正测量的决策单元。

θ 代表决策单元的技术效率，θ 越大，则 DMU 的相对效率越高。

（1）若 $\theta=1$，$s^-=s^+=0$，表示决策单元处于 DEA 有效。

（2）若 $\theta=1$，$s^-\neq 0$ 或 $s^+\neq 0$，表示决策单元处于弱 DEA 有效。

（3）若 $\theta<1$，表示决策单元处于非 DEA 有效。

6.3.2 数据来源及指标

选取 2000—2021 年四川 21 个市州土地利用指标的面板数据（来自《四川

统计年鉴》及各市州统计年鉴）。借鉴已有研究成果，选取农业投入和产出变量如下：

第一，投入指标包括土地、劳动力和资本三个方面。土地投入以农作物播种面积计算，单位为千公顷；劳动力投入以第一产业就业人数计算，单位为万人；资本投入包括农业机械总动力和农业化肥施用量，机械投入以农业机械总动力计算，单位为万千瓦，化肥投入以氮肥、磷肥、钾肥和复合肥等农业化肥施用量按折纯量计算，单位为万吨。第二，产出指标选取第一产业产值作为经济效益衡量指标，单位为亿元。四川农村土地投入－产出指标数据描述性统计分析见表 6－8。

表 6－8　四川农村土地投入－产出指标数据描述性统计分析

指标	最小值	最大值	平均值	标准差	样本数
农作物播种面积（千公顷）	55.11	1018.50	451.32	234.24	462
第一产业就业人数（万人）	17.11	244.92	99.46	48.84	462
农用机械总动力（万千瓦）	30.16	418.52	155.82	84.74	462
农业化肥施用量（万吨）	0.18	24.09	11.06	6.00	462
第一产业产值（亿元）	7.27	655.17	134.87	106.47	462

注：根据《四川统计年鉴》及各市州统计年鉴整理计算得出。

6.3.3　四川各地区农村土地利用效率变化分析

6.3.3.1　2000—2021 年四川各地区农村土地利用效率

采用数据包络分析法测算出四川各地区农村的土地利用效率，见表 6－9、图 6－5，2000—2021 年四川全省农村土地利用效率平均值为 0.838，总体利用水平较低。2000—2019 年，全省农村土地利用效率总体呈下降趋势，2019 年以后大部分地区农村土地利用效率逐渐上升。其中，农村土地集约利用表现最好的为甘孜藏族自治州，其次是成都市，成都市的农村土地利用效率平均值为 0.995，远高于全省平均水平。

表 6－9　2000—2021 年四川各地区农村土地利用效率

地区	2000	2003	2006	2009	2012	2015	2018	2019	2020	2021
阿坝藏族羌族自治州	1.000	1.000	1.000	1.000	0.926	0.973	0.920	1.000	1.000	1.000

续表

地区	2000	2003	2006	2009	2012	2015	2018	2019	2020	2021
巴中市	0.990	0.885	0.704	0.641	0.502	0.393	0.397	0.405	0.513	0.533
成都市	1.000	1.000	1.000	1.000	1.000	1.000	1.000	1.000	1.000	0.891
达州市	1.000	1.000	1.000	1.000	0.940	0.882	0.896	0.732	0.738	0.736
德阳市	1.000	1.000	1.000	0.950	0.947	0.938	0.976	0.760	0.847	0.834
甘孜藏族自治州	1.000	1.000	1.000	1.000	1.000	1.000	1.000	1.000	1.000	1.000
广安市	0.843	0.887	0.855	0.852	0.794	0.782	0.602	0.565	0.658	0.643
广元市	0.730	0.650	0.547	0.516	0.458	0.404	0.383	0.421	0.681	0.697
乐山市	0.785	0.757	0.798	0.756	0.817	0.793	0.682	0.760	0.848	0.812
凉山彝族自治州	1.000	1.000	1.000	0.878	0.726	0.736	0.731	0.744	0.752	0.777
泸州市	0.909	0.843	0.854	0.775	0.666	0.676	0.648	0.616	0.687	0.692
眉山市	0.767	0.743	0.663	0.782	0.885	0.915	0.831	0.645	0.683	0.661
绵阳市	0.893	0.904	0.921	0.842	0.775	0.784	0.703	0.594	0.908	0.893
南充市	0.753	0.778	0.741	0.949	0.955	0.955	0.985	0.830	0.853	0.839
内江市	0.656	0.655	0.735	0.843	1.000	1.000	0.856	0.770	1.000	1.000
攀枝花市	1.000	0.980	0.854	0.884	0.795	0.828	0.771	1.000	1.000	1.000
遂宁市	0.867	0.925	1.000	1.000	1.000	1.000	0.996	0.845	0.874	0.840
雅安市	0.701	0.742	0.750	0.741	1.000	1.000	1.000	0.864	0.971	0.947
宜宾市	0.837	0.812	0.776	0.787	0.822	0.836	0.904	0.876	0.958	0.946
资阳市	0.975	1.000	1.000	0.991	1.000	1.000	0.881	0.649	0.688	0.621
自贡市	1.000	1.000	1.000	0.984	0.873	0.905	1.000	1.000	1.000	1.000
全省平均	0.883	0.875	0.855	0.854	0.834	0.823	0.790	0.742	0.827	0.814

注：根据《四川统计年鉴》及各市州统计年鉴整理计算得出。

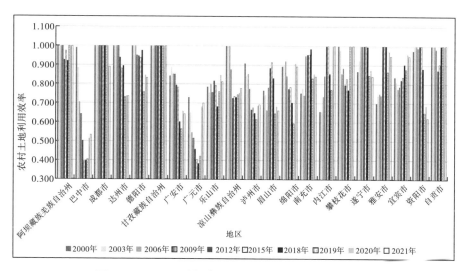

图 6-5 2000—2021 年四川各地区农村土地利用效率

甘孜藏族自治州近年来农村土地利用效率平均值稳居省内第一，根据相关数据分析，主要有两个方面的原因：一是政策落实到位；二是自然条件优越。甘孜藏族自治州地处四川西北部，地貌类型复杂多样，具有一定地理劣势，拥有丰富的生态资源。近年来，甘孜藏族自治州为保护和合理利用这些优质生态资源，贯彻落实《土壤污染源头防控行动计划》，保护和改善全州土壤环境。加之政府积极帮扶甘孜藏族自治州发展"生态农业"，大力倡导"绿色生态"。2021 年由甘孜藏族自治州政府印发的《关于全面推进乡村振兴加快高原特色农业农村现代化建设的意见》不难看出，甘孜藏族自治州土地利用效率高的一个重要原因是政策导向性强，逐步建立以大渡河、力丘河、鲜水河、色曲河、金沙江、雅砻江流域为基础的"六大片区"现代农业产业带，紧紧围绕成片成规模发展农牧业，逐渐构建现代农业"10＋2"产业体系。除此之外，甘孜藏族自治州土地利用类型中耕地面积所占比重最小，农作物总播种面积小，但人均耕地面积较大。综上所述，优越的生态条件和良好的政策导向，使甘孜藏族自治州逐步实现了农业绿色可持续发展，有效提升了农村土地利用效率。

成都是研究期内全省土地利用效率平均值排名第二的城市，更是全省政治、经济文化中心，其经济发展水平远远领先省内其他地区。全市的土地利用类型以耕地为主，农村土地利用效率始终保持较高水平。一方面，成都市是成都平原的腹心地带，其土地肥沃、气候温和、灌溉方便、自然资源优越，为当地农林牧副渔业总产值的增加提供了保障，成为天府之国的物质基础；另一方面，近年来成都市突出绿色发展导向，积极转变农业发展方式，加速构建覆盖全程、综合配套、便捷高效的新型农业高质量服务制度，逐步提高了农村土地利用效率。

阿坝藏族羌族自治州、自贡市、南充市、内江市等 12 个市州在研究期内的农村土地利用效率平均值高于全省平均水平，土地集约利用程度相对较高。例如，内江市农村土地利用水平在研究期内呈现波动增长态势，说明该地区耕地利用集约度整体水平较高。2002—2017 年，内江市土地利用效率始终保持稳定增长，2018—2019 年经历短暂下降波动后又回归高位并趋于稳定。内江市位于川中丘陵区，具有良好的经济社会基础，农业经济发展条件优越。2009年，内江市政府发布《内江市人民政府关于加快现代农业产业基地建设的意见》，指出要大力发展农业产业基地，坚持市场导向、区域合理分工、科技引领、产业化经营、尊重农民意愿五大原则。重点抓好优质粮油、蔬菜、柑橘、中药材、蚕桑、林产业六个产业，致力于建设规模集约化、科学标准化的现代农业产业基地，每个产业基地所在乡镇即为示范乡镇，每个产业基地面积要求在 3000 亩以上。再如，南充市作为川北地区经济文化发展中心，其土地利用中耕地占土地总面积的比例较高，土地垦殖率较高。数据显示，以 2006 年为拐点，南充市农村土地利用效率显著提升。其主要原因是在多方面有利因素的积极推动下，南充市 2004 开始农村经济形势出现明显好转，全年实现农林牧副渔总产值 167.76 亿元，增长 7.4%，此后几年，南充市种植业结构进一步优化，粮食作物播种面积扩大，农田水利基础设施不断完善，大量农业机械投入生产，农业产值不断增加，土地集约利用水平在 2007 年获得显著提升。近年来，南充市有效贯彻四川省严格保护耕地、保障科学发展、实现土地高效利用的相关政策，加快经济发展方式的转型，大力发展优质特色农业，以基本农田保护示范区建设为契机，加强基本农田建设，大力改造中低产农田，有效提升了农业综合生产能力。

其余 7 个市 2000—2021 年的农村土地利用效率平均值低于全省平均水平，其中乐山市、眉山市、广安市、泸州市、巴中市、广元市的农村土地利用效率平均值低于 0.8。以广元市为例，该地区农村土地利用效率始终处于较低水平。经分析发现，广元市近年来农业生产发展面临着务农种粮比较效益低、重农抓粮积极性低、青壮年劳动力紧缺、资源环境约束趋紧等一系列问题，尤其耕地撂荒问题较为突出，导致农作物总播种面积小，第一产业产值低下。广元市地处四川盆地北部，该地区粮食作物主要为玉米、小麦、水稻、马铃薯和红薯，这类农作物抵御自然灾害能力弱，农民从事农业生产活动有较大风险，在一定程度上挫伤了农民生产的积极性。此外，广元市农村地区靠农业生产活动获得的收益较低，大量青壮年农村劳动力外流，农业生产技术能力较弱，土地粗放经营，土地撂荒现象多发，严重制约了广元市农村土地利用效率的提高。

从时间变化特征来看，四川省农村土地利用效率随着时间推移呈下降趋势，2011 年和 2016 年下降幅度较大，这主要是因为：2011 年四川省遭遇特大暴雨洪灾，农作物受灾面积达 1.1 万公顷，工农业生产损失严重，全省农村土地利用效率值迅速下降；2016 年受寒潮和雨雪冰冻天气影响，四川省农作物受灾面积 3.02 万公顷，导致农村土地利用效率再次陡降，直至 2017 年后才有所回升。党的十九大以来，四川省委、省政府深入贯彻落实中央关于深化农村改革的各项重大决策部署，立足四川农业大省的实情，突出全省"三农"工作中的农业农村改革，通过组织大规模的项目建设，进一步改善农业农村的基础设施条件，并根据各地资源禀赋条件对农业产业结构进行有序调整，构建现代农业生产体系、经营体系、产业体系，发展生态农业、绿色农业，提高农业可持续发展水平、农业劳动生产率和农业现代化水平。

6.3.3.2 2000—2021 年四川五大经济区农村土地利用效率平均值

2000—2021 年，四川五大经济区农村土地利用效率总体呈现先下降后上升的趋势，见表 6-10、图 6-6。其中，川西北经济区农村土地利用水平高于其他经济区，2000—2021 年该地区农村土地利用效率平均值为 0.986。川西北经济区由甘孜和阿坝两个自治州组成，土地类型复杂，耕地面积较小，主要种植木本油料、名贵中药材和生产牦牛等相关农牧农产品，农业的投入－产出比较高。近年来，川西北经济区落实政府政策，大力发展绿色生态农业，农村土地利用水平不断提高。相比之下，其他四个经济区农村土地利用水平普遍较低。成都平原经济区、川南经济区和攀西经济区的农村土地利用效率相差较小，都集中在 0.8 左右，处于全省平均水平。成都平原经济区农村土地利用水平则略好于攀西经济区和川南经济区，主要是因为成都市农村土地集约化利用水平较高，土地垦殖率较高，农业现代化发展进程较快。成都市政府印发《成都市人民政府关于加快转变农业发展方式的实施意见》提出，要按照五大新发展理念，以发展新型农业经营主体为核心，通过着力转变农业经营生产、资源利用与管理等方式，立足于发展都市现代农业，加快农业供给侧结构性改革，着力打造"五大新型现代农业"，走一条生产高效、农产品安全、资源节约、环境友好的现代农业发展道路，带动成都平原经济区农业现代化领先发展，土地利用效率保持较高水平。

表 6-10 2000—2021 年四川五大经济区农村土地利用效率平均值

年份	成都平原经济区	川东北经济区	川南经济区	川西北经济区	攀西经济区
2000	0.867	0.856	0.841	1.000	1.000

续表

年份	成都平原经济区	川东北经济区	川南经济区	川西北经济区	攀西经济区
2003	0.877	0.831	0.818	1.000	0.990
2006	0.882	0.754	0.835	1.000	0.924
2009	0.876	0.768	0.843	1.000	0.881
2012	0.924	0.696	0.831	0.962	0.760
2015	0.924	0.637	0.846	0.986	0.781
2018	0.874	0.605	0.842	0.959	0.751
2019	0.754	0.567	0.803	1.000	0.863
2020	0.845	0.679	0.901	1.000	0.867
2021	0.805	0.682	0.899	1.000	0.881
平均值	0.878	0.714	0.847	0.986	0.862

注：根据《四川统计年鉴》及各市州统计年鉴整理计算得出。

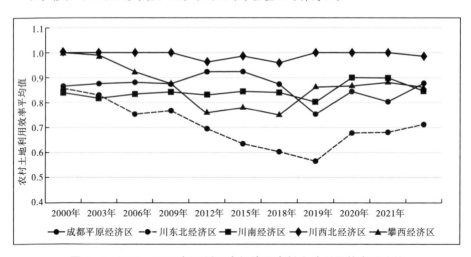

图6-6　2000—2021年四川五大经济区农村土地利用效率平均值

攀西经济区农村土地利用水平则略好于川南经济区和川东北经济区，主要是因为攀枝花市农村土地集约化利用水平较高，土地垦殖率较高。该地区农村土地利用水平高于四川省平均水平的原因可能是，攀枝花全年气候稳定，农业种植方面机械化作业多，单位播种面积投入化肥量较大。川南经济区和川东北经济区存在的一个共同问题是青壮年劳动力减少，农业生产力低下，大量耕地被撂荒，无法形成集约化生产，导致农村土地利用效率低。川东北经济区农村土地利用效率比川西北经济区还低30%左右，主要是因为川东北地区以山地为主，坡耕地多，土地资源总量少，耕地质量不高，加之自然灾害频繁，生态环境较脆弱，导致该经济区农村土地集约化利用程度小。

6.4　土地利用效率测度结果分析

6.4.1　农村土地产权改革尚未实现"点上突破"向"面上开花"的转变

四川作为农村产权改革的先行区，在深化改革的探索中形成了丰富的经验成果。早在 2007 年成都市被批准为全国城乡统筹综合配套改革试验区，在"三权分置"改革中形成了有名的"还权赋能"成都模式以及占补平衡与增减挂钩等做法，并在全国进行推广。2014 年四川被确定为全国首批确权登记整省推进的 3 个试点省份之一；2015 年，结合成都市温江区被纳入全国首批 29 个农村集体资产股份权能改革试点，四川省同步选择成都市温江区等 10 个县（市、区）73 个村启动首批集体资产股改试点。2017 年，广元利州区、广汉市、宜宾县、通江县、射洪县入围全国第二批农村集体产权制度改革试点地区。

2017 年底，全省有 67 个县（市、区）启动改革试点，至 2021 年已覆盖所有涉农乡镇（街道）和村（社区）。随着试点改革的深入推进，各地已形成了一批可复制、易推广的经验及模式，为农村产权改革提供了丰富多样的"四川样板"。但是，点上开花，面上尚未结果。全省已基本完成农村集体产权制度改革试点，但集体经济组织的活力并未充分激发。虽然通过"三权分置"改革，涌现出了崇州"合作社＋职业经理人＋社会化服务"、温江"两股一改"＋"两放弃三保障"、汤营"股田制＋集体农业企业"等诸多经营权流转模式，在个别地区实现了农业规模化经营、社会化服务，提高了农地的集约高效利用水平，但整体上并未改变以小农经济为主导的生产方式。据第三次全国农业普查数据显示，四川规模农业经营户仅占登记总农户的 0.07％，远低于全国 1.73％的平均水平。根据《中国农村经营管理统计年报》数据，截至 2021 年四川共有 2039.2 万农户，其中未经营土地的占 7.37％，经营土地面积在 10 亩以下的占 94.11％，10～30 亩的占 4.71％，30～50 亩的占 0.81％，50～100 亩的占 0.23％，100 亩以上的占 0.09％，200 亩以上的占 0.03％小规模家庭经营农户占比高出全国平均水平 4 个百分点。从承包地流转来看，四川流转总面积仅占全国总量的 4.8%，且流转入农户的面积占比达 36.4%。这说明土地流转更多是小农经营主体的变更，并未改变小农经营的主导地位，实现土地规模化、集约化经营任重而道远。

6.4.2　农业生产要素配置扭曲严重制约了生产力发展

生产要素的供给是产业发展的基础，要素在产业和区域间的自由流动是产业结构变动、升级的重要动力。但当生产关系制约了生产要素在城乡之间的自由流动时，资源配置就会发生失衡造成要素错配，从而制约生产力的发展。据数据统计，四川是劳务输出大省，2021 年全省农村劳动力转移输出 2334 万人，有 1400 余万人是在省内转移就业，省外转移就业 900 余万人，以青壮年劳动力为主。大量农村劳动力的转移加剧了农业兼业化、农民老龄化、农村空心化的矛盾。以家庭兼业经营为主导的小农户对于农业生产投资和技术应用缺乏必要的激励，农业的生产经营只是作为工资性收入之外的一种有益补充，多是为了满足自我消费和简单再生产需要，从而造成大量土地撂荒和农地的粗放利用。

以简阳市为例，2019 年共有耕地面积 145.35 万亩，其中土地撂荒面积就达 2.3 万亩。同时，小农户文化教育水平较低，对于新技术的适用能力弱，导致现在的小农生产仍然依赖传统的耕种经验，生产工具的使用多以小型农业机械为主，新技术的使用也仅限于良种培育、大棚地膜、农药除草、防治虫害等过密性技术，在生产的组织管理上缺乏科学技术的支持，极大增加了生产经营的风险，也增加了农业技术应用推广的成本。截至 2021 年，四川机耕面积占农作物播种总面积仅为 67%，灌溉面积占比为 29.6%，说明农业技术的短板比较突出。从第一产业比较劳动生产率（第一产业产值占比/第一产业就业占比）来看，2013 年以来始终在 0.3 左右的低位徘徊，说明四川第一产业产值占比远落后于劳动力占比，截至 2021 年产出 10.5% 的第一产业产值依然占用了 31.9% 的劳动力，反映出农业劳动力没有得到优化配置，过多的劳动投入带来较少的价值创造。从资本投入来看，四川农林水事务财政支出从 2013 年的 741.8 亿元增加到 2021 年的 1330.1 亿元，增长幅度较大，但财政支农向新型农业经营主体倾斜的政策转变，也进一步加剧了小农家庭经营的窘困，陷入土地低效利用的恶性循环。农业生产要素配置扭曲的事实证明，以分散、孤立的家庭协作或个体劳动为主导的小农经济已经难以适应新时代的发展要求，成为生产力发展的桎梏。

6.4.3　相互孤立的配套支持政策难以形成"1＋1＞2"的聚力效应

农地资源利用低效化问题涉及农业政策以及农民社会保障等，但长期以来"政出多门"的管理机制使得政策之间相互隔离，难以形成合力。一方面，政策之间衔接不够紧密。国家对农业三项补贴政策调整合并为农业支持保护政策后，四川将政策目标调整为支持耕地地力保护和粮食适度规模经营，重点向新型农业经营主体倾斜。该政策初衷是鼓励支持土地流转，推进规模化经营，但在小农承包经营权固化的背景下，依靠一家一户分散的小农实现承包地的自由流转交易是不切实际的，其结果只会加剧土地的粗放利用。另一方面，农业项目投资较为分散，涉及农业农村厅、发改委、自然资源厅、水利厅、林业和草原局等政府部门，在具体项目建设中缺少相互衔接，往往造成重复、浪费现象，大大降低了财政资金的使用效益。例如，农机购置补贴政策缺乏与农民合作社等集体经济组织相关支持政策的衔接统筹，普惠性的做法往往造成设备的闲置和浪费。还有一些项目要求地方配套过多，变相加重了地方负担。以高标准农田建设为例，国家和省财政安排补助资金 1500 元/亩，要求县（市、区）配套支持 1500 元/亩，在地方财政极端吃紧的状况下，降低标准或缩减建设指标的现象也就不足为奇了。此外，四川农村基本公共服务存在严重的结构失衡，部分地区的基本公共服务能力较弱，农民进城落户还有较多限制条件，住房、医疗、养老等基本保障还不够健全，截至 2021 年，尚有 2000 余万人未参加基本养老保险，占四川常住人口的 24%。公共服务保障能力决定了农民市民化进程，当前大量农村转移劳动力游离在城乡之间，只会更加强化农地社会保障功能，土地的生产和收益功能就沦为次要了。

第7章　四川农村土地产权制度改革对产权利益实现的影响

产权与利益紧密相关，合理的产权安排能促进资源高效配置和利益最大化，产权问题通常源于权利界定不清、保护不力或市场失灵，农民承包土地的产权利益包括使用权、收益权等，其稳定性是农业发展和农民增收的关键。本章重点从农村土地产权与农民权益实现、农村土地使用的产权利益、农村土地征收中的产权利益、农民社会保障权益及农村土地退出四个方面阐述农村土地产权制度改革对产权利益实现的影响。

7.1　农村土地产权与农民权益实现

7.1.1　产权与利益的辩证关系

利益是一切经济活动的核心，正如马克思指出的人们奋斗所争取的一切，都同他们的利益有关①。产权是围绕财产所形成的权利义务关系，财产权利是利益存在的前提，利益则是行使权能的结果，产权和利益密切联系，产权是研究利益实现问题的根源。由于产权界定困难以及政府强制等原因，产权残缺或缺陷在所难免，从而导致产权主体无法享受到产权带来的全部或部分利益，造成权益的损失。马克思在《资本论》中重点阐释了劳动力所有权和使用权分离后劳动者权益损失的问题本质。在资本主义生产条件下，工人阶级没有生产资

① 中共中央马克思恩格斯列宁斯大林著作编译局. 马克思恩格斯全集（第1卷）［M］. 北京：人民出版社，1995：82.

料，只能靠出卖劳动力为生。从表象上看，工人虽然拥有劳动力所有权，实现劳动自由，但为了生计不得不将劳动力使用权出卖给资本家，以获得仅够维持劳动力再生产的生存工资，劳动力所创造的大量剩余价值则被资本家无偿占有，其核心问题还在于生产资料所有权决定了劳动力使用权的占有关系，对资本家来说，表现为无偿占有他人劳动或劳动产品的权利，从而形成对劳动力所有权人的剥削，这种产权结构最终演变为资本主义商品生产的占有规律①。

产权的清晰有利于保护产权的各项权能，从而保证各主体获得相应的权益。西方经济学往往把产权的清晰界定作为产权改革的核心内容。产权的模糊会造成资源配置效率低下和产权利益损失，但产权的清晰也并非意味着获得权益的完整性。19 世纪，在新自由主义的影响下，拉美大陆兴起了一场私有化的改革运动，希冀通过在农村建构小农制，改变农村土地产权结构，走上现代化的快车道。然而，这场在拉美大陆前后延续了半个世纪的创建自由小农制的改革，最终毫无例外地归于失败。如萨尔瓦多政府试图赋予小农租用土地的永佃权，以提供更有保障的土地使用权，并为其长期耕种提供更好的设施，使其大部分农村贫困人口受益。根据土地改革的规定，小农户在 30 年内不得出售或出租其产权，只能将产权转让给一个继承人。这样，越来越多的农村人口的福利将取决于他们是否有能力保护和提高其拥有和占有的土地生产力。但小农户平均面积不到 1.5 公顷，每公顷耕地的收入为 390 美元。在这种小地块的基础上，期望基于持续提高农业生产力保持合理的物质福利水平是不现实的，这也是各个国家或地区发展小农制始终无法冲破的一道屏障。事实证明，由于政府干预和市场失灵等客观原因，产权的清晰不是万能的。产权不清会导致产权的残缺，产权明晰也可能导致效率低下和产权主体利益受损。因此，私有化并非提高产权效率、实现产权利益的"万能钥匙"②。

7.1.2　产权问题的根源

政府干预和市场机制失灵是造成产权问题的根源。德姆塞茨认为，产权之所以常常是残缺的，是因为国家等一些代理人拥有允许其他人改变所有制的权利，对于废除的部分私有产权权利束的控制被安排给了国家③。国家通过行政、法律等手段干预经济运行，会改变社会利益的分配格局。在计划经济时

---

① 马克思. 资本论（第 1 卷）［M］. 北京：人民出版社，1975：644.
② 张峰. 产权残缺、利益补偿与社会利益关系协调［M］. 上海：复旦大学出版社，2016.
③ 德姆塞茨. 财产权利与制度变迁［M］. 上海：上海三联书店，1995.

期，我国逐步构建起集体所有制经济，采取"政社合一"的高度集中管理体制，用行政命令指挥调配一切资源，对农产品进行统一定价并进行统购统销，产品的分配也采用"配给制"，农民作为集体所有权的成员，基本被剥夺了占有权、收益权，大部分农业剩余被政府调控用来支撑工业发展，这种产权的残缺是国家优先发展重工业战略选择下的一种安排，牺牲了巨大的农民权益。因此，进入工业化中后期阶段，以工补农、以城带乡成为现实战略选择，这既是对过去农民损失权益的补偿，也是新的资源禀赋条件下提高资源配置效率和各方主体权益的内在要求。但国家的干预改变了产权结构，往往也是从兼顾公平和效率的角度损失一方利益而造福另一方，很难实现帕累托改进。

国内诸多学者将产权明晰作为研究方向，希冀以建立完善的市场经济，实现产权的清晰界定作为提高经济效率的前提。但市场不是万能的，市场也有盲目性、自发性等缺陷，易于产生垄断、信息不对称、外部性等问题，从而导致分配的扭曲和资源配置效率的下降，进而影响部分产权主体的收益。当形成市场垄断时，垄断方就会凭借垄断形式获取更大的收益，从而损害处于劣势地位的市场主体的利益，影响公平竞争。由于市场主体的地位和获取信息的能力有差异，处于优势的市场主体可以通过信息不对称获得更大收益，造成其他产权主体利益的损失。外部性问题也是市场难以解决的难题，一方面是经济主体在追求自身利益的过程中可能会对其他主体的利益造成损害的外部经济问题，如企业污染、火车噪声等对周边居民造成的负面影响；另一方面是某些经济主体不花费任何代价就可以享受来自其他主体带来的外部收益，如城市发展带来的征地补偿等"搭便车"现象。因此，通过市场机制清晰界定产权不一定带来资源配置效率和产权收益的提高，市场的局限性需要通过政府调控才能实现利益的均衡协调。

综上所述，市场机制对于提升产权效率具有重要作用但不是唯一途径，市场局限性决定了唯有正确处理好市场和政府的边界，才能更好地促进资源优化配置和产权利益的实现。

7.1.3 农民承包土地产权利益的构成

农民的产权利益实质上是土地产权制度问题，不同的产权设置决定了资源配置的安排，从而影响农民权益的实现。《中华人民共和国农村土地承包法》明确规定承包地农民依法享有承包地的使用权、收益权，互换、转让承包经营权，流转土地经营权，征地补偿权，以及自主生产经营和处置产品的权利。权利对应着利益，从农村土地产权制度出发，现实中农民承包土地权益应包括以下三个方面。

一是农村土地使用的土地权益，包括土地经营收益、土地流转收益以及农业补贴、抵押贷款等。农村土地农用一直以来都是农村土地产权制度的根本原则，承包地农民依靠自身力量经营农林牧渔业取得的经营性收入曾是农民收入的主要来源，也是农民承包土地权益的主体内容。随着社会转型的推进，大量剩余劳动力向城市和非农产业转移，承包地的流转成为农村土地产权改革的新趋势，承包地农民对于土地的财产性收益需求越来越高，土地租金的收益分配成为承包地权益的重要组成部分，也象征着农村土地市场化交易机制的建立。农业补贴包括粮食直补、奖励补贴、良种补贴、农机补贴和间接补贴等，是政府通过转移支付手段支持保护农业发展的一种政策性工具，对耕地农民具有鼓励支持和保护作用，也是农民凭借承包经营权或经营权获得的一种土地收益。农村承包土地的抵押贷款是释放承包地的金融属性，解决小农户资金不足，实现农业产业化经营的内在需求，也是承包经营权主体应有的一项权益。但承包经营权作为一种用益物权，是基于集体所有权的占有、使用和收益权，故其抵押担保具有一定的特殊性，必然受到重重限制。此外，随着大量承包地农民向城镇迁移，人地分离已成为普遍现象，不利于土地资源的优化配置，适时建立承包经营权的退出补偿机制，既是提高农业规模经营水平和生产效率的需要，又应该作为承包地农民的一项基本土地权益。

二是农村土地被征收时的土地权益，主要是国家为了公共利益需要强制征收农民承包地所给予的一定补偿。土地征收是工业化进程中的产物，主要借助国家公权力，通过补偿取得集体或个人的土地所有权，本质是土地产权在政府和农民之间的交换。作为一种基于公权力的强制性产权交易，是弥补市场机制的盲目性、提高农地资源配置效率的一种有效方式，有利于协调土地产权保护和公共利益的矛盾。但是，土地征收制度涉及三个方面，首先是征地权的适用范围需要清晰界定，若权力运用不当，极易造成对农民权益的侵蚀，进而影响社会稳定发展[①]。其次是征地程序是否规范，应警惕与企业利益整合，随意启用征地权，漠视农民的土地权利。从现实执行层面观察，在开展土地征用工作时，地方政府普遍重视管理和效率，应注意决策流程是否封闭。最后是征地补偿过低，新修订的《中华人民共和国土地管理法》确立了全面推进征地区块综合定价机制，尽管依据该机制计算的征地补偿金额由于其更高的具体数值而较为符合"公平市值"概念，然而在本质上，该补偿金额仍体现了"政府主导定

---

① 林卿. 农民土地权益流失与保护研究［M］. 北京：中国社会科学出版社，2013：226-228.

价"的性质①。同时，土地征用过程中涉及对土地价值增值的再分配，土地征收的体系构建以及其实施方法对整个征地流程造成影响，并有潜在的可能激发征地相关冲突②。从发达国家或地区的制度改革来看，征地都有严格的限制，对失地农民的征收补偿和收益分配都有完善的制度和规范的程序，以保障农民的合法权益。

三是社会保障问题，承包地对于农民不仅仅是生产资料，更是抵御未来生活风险的保障，承载着部分社会保障功能，也是农地权益的延伸。有学者认为，承包责任制既是一种土地制度，又是农村暂时无法替代的社会保障制度③。实施承包责任制及深化农村变革催生了创新的农村社会保障机制，包括最低生活保障、养老保障与医疗合作制度等，逐渐构建了一个独立于家庭经济之外的农村社会保障体系④。在我国，农村土地具有社会保障功能，主要基于分户承包的农村土地使用权可以保证农民与生产资料的直接结合并获取基本生存条件的事实，这种制度安排为农民依靠土地自主解决养老问题提供了可能，从而可以忽略农村隐蔽失业问题，不需要像城镇职工必须依靠国家和社会提供养老等保障⑤。农村土地承载社会保障功能是基于家庭生产经营维系的血缘伦理力量以及人多地少、生产力发展水平较低的现实条件下的制度安排。从长远来看，这种社会保障方式与农民的权益保护是背道而驰的，从土地保障向社会保障的转型是大势所趋。

7.2 农村土地使用的产权利益

当前，农村土地使用的产权利益涉及农业收入下降导致农户对土地依赖减弱、农村土地流转中权益保护不足、财政支农政策不公平分配以及承包经营权作为抵押物融资受限等，影响了农村土地资源的有效配置和农业生产的可持续发展。

---

① 方涧. 我国土地征收补偿标准实证差异与完善进路 [J]. 中国法律评论, 2019 (5)：76—86.
② 桂华. 地权形态与土地征收秩序——征地制度及其改革 [J]. 求索, 2021 (2)：74—81.
③ 蔡永飞. 能否把土地承包经营权变为养老金卡——为建立农村社会保障制度献策 [J]. 调研世界, 2002 (4)：36—36.
④ 张芳娟, 张乾元. 我国农村反贫困的制度创新及其治理效能 [J]. 江西社会科学, 2021, 41 (4)：236—244, 2.
⑤ 钟水映. 迈向农业现代化的中国土地制度改革研究 [M]. 北京：科学出版社, 2017：58。

7.2.1 家庭经营农业收入占比下降

农民家庭经营收入是以家庭为单位从事农林牧渔业生产及经营手工业、采集捕猎、工业、建筑业、运输业、商业、饮食业、服务业等取得的收入，表 7-1 展示了 2000—2021 年四川农民收入结构。新中国成立初期，在农产品统购统销的计划经济体制下，采取国家控制农业剩余的方法，即通过人为地压低农产品价格和抬高工业品的价格形成工农产品价格"剪刀差"，将农业部门的积累向工业部门转移，助力工业化的原始积累，成为扩大再生产的源泉。据国务院发展研究中心估计，1953—1978 年，通过这种"剪刀差"使农民丧失的收益为 6000 亿~8000 亿元。[①] 这一时期，国家对生产生活物品采取配给制，农民家庭经营性收入比较微薄。

表 7-1　2000—2021 年四川农民收入结构 （单位：元/人）

指标	2000 年	2005 年	2010 年	2015 年	2016 年	2017 年	2018 年	2019 年	2020 年	2021 年
可支配收入	1903.6	2802.8	5086.9	10247.4	11203.1	12226.9	13331.4	14670.1	15929.1	17575.3
工资性收入	606.9	954.9	2248.2	3463.5	3737.6	4016.1	4311.0	4662.1	4977.8	5513.8
家庭经营净收入	1194.2	1681.6	2263.3	4197.3	4525.2	4821.4	5117.2	5641.1	6152.0	6651.4
财产净收入	30.0	41.6	144.0	223.6	268.5	322.5	379.5	456.5	510.2	586.6
转移净收入	72.5	124.7	431.4	2363.0	2671.8	3066.9	3523.7	3910.5	4289.1	4823.5

注：数据来源于 2001—2022 年《中国农村统计年鉴》。

直到家庭联产承包责任制全面推行以后，农民得以自主管理其生产与经营，只需依照合约规定缴纳公粮与税款，其余产出均归农民所有，这样的安排赋予了农民一定的农业盈余索取权，激励了农民的劳动热情并最大化挖掘了其生产能力[②]，家庭经营净收入开始逐渐取代集体统一经营收入成为农民收入的主要构成部分。但随着经济体制转轨和农村产业结构调整，大量劳动力从农业中脱离出来，从事非农业的生产活动，四川农民家庭经营净收入占农民净收入的比例逐年下降，工资性收入占比变化不大，2010 年以来，工资性收入与家

---

① 韩志荣. 工农三大剪刀差及其现状分析 [J]. 经济研究，1996 (10)：57—61.

② 李万君，李艳军，史清华. 中国共产党百年农村经济政策的演进、创新及启示 [J]. 农业经济问题，2023 (5)：133—144.

庭经营净收入占比差距减小，二者共同成为农民收入的主要构成部分。

如图7-1所示，2010年以后工资性收入占比稳定在30%左右，家庭经营净收入占比在40%上下徘徊，反映出农民收入结构基本"定型"。这种变化趋势与承包责任制有着密切的关联，前期国家通过农业税、三提五统、农民储蓄以及工农产品"剪刀差"等方式将农业剩余转移到城市和工业，影响了农民生产经营性收入的增长。农业税取消后，农民耕种土地不再缴纳地租，但是农业剩余转移仍在以一种隐蔽的方式进行着。一方面，农业劳动力的过度转移，致使农村劳动力总体素质大幅下降，特别是专业技术人才缺乏，导致农业劳动生产率增长缓慢，远远落后于工业劳动生产率增长速度，无形中扩大了工农产品的价值"剪刀差"；另一方面，工业产品价格高于价值，农产品价格低于价值，工农产品价格"剪刀差"依然存在，严重制约了承包地农民的经营性收益的提高。另外，随着改革的深入和市场化程度的提高，粮食价格受市场供求影响较大，生产资料价格不断上涨，以及农机等社会化服务的垄断，农产品种植环节的利润被压缩到较低水平，"增产不增收"成为常态。生产成本的增加远远大于农产品价格的增幅，家庭经营费用支出和生产性固定资产的支出就会不断减少，从而陷入一种恶性循环。从具体案例来看，小麦、玉米亩产量在1000斤左右，按市场价收入大概1200元，除去种子、肥料、化肥、机械作业费等成本400元左右，剩余的纯收入仅有800元左右；如果每年按一季玉米和一季小麦来算，每亩地纯收入仅1600元，不足以补偿劳动力的投入。这说明仅仅依靠农业经营只能维持基本温饱，难以走上增收致富的道路。

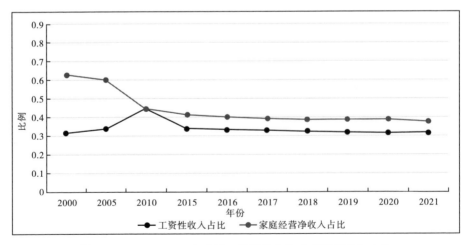

图7-1　2000—2021年农民工资性收入和家庭经营收入占比

承包地作为农民最重要的生产资料，依靠土地经营农业本应成为农民收入的主要来源。但现实情形是，在面临从事非农行业可能带来的较高机会成本吸引时，为最大化家庭经济收益，许多农民选择退出农业领域，不再从事农耕，并转向追求非农业领域的工资性收入。广大青壮年农民纷纷离土离乡从事第二、三产业的劳动，工资性收入成为农民收入的主要构成部分，造成大量土地撂荒。其根源还在于突出的人地矛盾，自家庭联产承包责任制确立以来，人与土地的相互关系已变得极其错综复杂①。当稀少的土地资源不足以满足生存发展需要时，离地寻求其他谋生之路成为必然选择。同时，人地捆绑的农地制度使得农民又难以与承包地完全脱钩，不仅影响农业生产效率的提升，而且制约了农民市民化的进程，稀缺的土地资源在无形之中成为农民的"紧箍咒"。

7.2.2　农地流转权益低下

财产是人对物排他性占有的一种经济关系，主要体现在附着在物之上的权利，这种权利是获得相应报酬收入的前提。按照国家统计局的解释，财产性收入就是指各种非生产性及金融资产的所有者将其资产的使用权、支配权等暂时让渡给其他单位或个人，从而获取回报的一种收入。一般而言，农民财产性收入主要包括承包地经营权流转收入、房屋等资产出租收入，以及股票、利息、红利等收入②。承包地作为农民最重要的财产，承包地的流转及征地补偿的收益是农民财产性收入的重要来源。从四川农村居民人均可支配财产净收入来看，2013—2021 年从 148 元增加到约 587 元，增长了近三倍。但是，其在农村居民人均可支配收入中的占比维持在 1.77%～3.34%，在农民的收入中基本微不足道。同比，2013—2021 年四川城镇居民人均可支配财产净收入占城镇居民人均可支配收入的比重维持在 10% 左右，且每年均有小幅上涨。对比来看，农民财产性收入基数过小，比重也偏低，说明农地流转效果并不理想，征地补偿收益较低，承包地的财产权利并未得到有效实现，其原因是多方面的。

其一，农地流转价格普遍偏低，阻滞了承包权流转，影响了农民财产收益的实现。在农村土地流转中，农民获得的收益通常是以农民当下土地种植产品产出的市场价格为计算依据的。表面上看，土地流转价格与农户自己经营获得收益相当，但这是单个农户在土地规模经济限制条件下的产出，并不能反映真

---

① 姚志. 中国农村人地矛盾：未现之谜与二轮延包处置思路 [J]. 经济体制改革，2021（6）：77—83.

② 陈晓枫，翁斯柳. 三权分置改革下农民财产性收入的特点和发展趋势 [J]. 政治经济学评论，2018（2）：106—122.

实的土地使用权价值。在很长一段时期内，农地承包权的流转价格普遍偏低，承包权价格的低廉并未真实反映土地稀缺程度，降低了农户的流转收益，不利于农地的市场供给，阻滞了承包权的流转。根据土流网公布的各地区农业用地的流转价格，一般性农业用地出租价格在每亩 500~1000 元，个别经济作物田的租金稍高些。依靠土地租金维持生计的小农户面临生存危机，低廉的流转价格必将抑制承包经营权的流转。

其二，土地流转程序的不规范影响了农户收益的实现。由于小农户直接流转土地面临较高的交易费用，规模较大的农业企业等经营主体往往通过农村社区组织等与农民进行谈判协商，再由社区组织与农户等签订流转合同，农户处于从属地位。而一旦经营不善或达不到预期收益无法兑现利益承诺时，农民利益将首当其冲，且由于可能存在的事后机会主义行为，使农地转入方毁约的责任降到最低。

其三，由于土地交易市场机制的缺乏，农地流转价格往往与市场脱钩，导致农民在土地流转中处于弱势地位。承包地农民与租地经营者信息不通畅，农民常在社区范围内寻找交易对象，导致农业同质化问题严重；农民市场知识、交易能力的制约也限制了交易范围的扩大①。土地流转市场和信息管理服务机构的不健全，也间接制约了市场机制作用的发挥，增加了经营权流转合同的履约成本。根据 2018 年《中国农村经营管理统计年报》，家庭承包耕地流转总面积为 5.39 亿亩，其中流转入农户的面积为 3.08 亿亩，占比达到 57.1%；签订流转合同的耕地流转面积为 3.65 亿亩，占比达到 67.7%。在四川省，家庭承包耕地流转总面积为 0.23 亿亩，其中流转入农户的面积为 0.10 亿亩，占比达到 43.5%；签订流转合同的耕地流转面积为 0.13 亿亩，占比达到 56.5%。这说明多数土地流转依然是在亲戚朋友或邻里之间进行，且往往以口头承诺为主，流转的价格机制并未有效形成，流转后的权益也难以得到法律的保护。

其四，由于农业经营投资大、周期长的特性，经营权租期过短会影响农业投资，租期过长又会影响农民承包权的利益实现，造成承包权和经营权的收益分配难以协调兼顾的困境。根据土流网挂牌登记出租的农业用地，超过 85% 的项目租期都不超过 5 年，流转期限短、风险大，户均规模较小，制约了承租人的收益。相反，租地期限过长，承包方利益也得不到保障。如山东某县，40 亩耕地 20 年租期的租金仅仅 1 万元，农民很难享受未来土地增值或农产品价格上涨后的收益。

---

① 钱忠好. 农村土地承包经营产权残缺与市场流转困境：理论与政策分析 [J]. 管理世界，2002 (6)：35—45，154—155.

综上所述，小农户土地流转价格偏低、交易成本高、市场机制不健全，且难以分享到土地增值收益，必将影响农民土地权益的实现，其根源问题依然在于分户承包的产权结构缺陷。传统乡土社会造就的"以土为生、安土重迁"的小农经济价值文化依然不同程度地存在，农民对于承包地有着割舍不掉的感情，这种情感上的依赖一旦形成一种"禀赋效应"，就会成为农村土地流转的掣肘[①]。1978 年以来，我国实施了一系列强化农村土地产权的政策，其初衷是通过增加农村土地排他性约束、改善农户预期，从而促进农村土地流转。然而，普遍客观存在的农户禀赋效应却抑制了农村土地流转[②]。南光耀等（2020）认为，农村土地流转市场进展缓慢，这不仅源于产权制度的局限，还与农民的个体微观心理相关。在农村土地流转中，禀赋效应的出现主要受农户对土地所有权的理解、农村土地替代性及面对的不确定性等要素的作用，只有深入考虑这些影响农地流转禀赋效应的关键因素，并减轻农民的损失回避心态，才能有效推动农村土地流转市场的进一步发展[③]。包国宪等（2021）认为，农村土地确权后，产权的力度得到了进一步的强化，在农户心目中土地已转变为个人财产。农户担忧一旦将农村土地转出，可能面临无法收回租金、土地肥力被损害甚至无法回收土地的风险[④]。罗必良（2014）通过调查分析发现，农户对土地的禀赋效应与其产权强度紧密关联，赋予农民土地的财产权利并强化农户承包经营的产权强度，是一把"双刃剑"，一方面保护了农民的土地权益，另一方面强化农民对农村土地的人格化财产特征并加剧了禀赋效应，导致农村土地流转的抑制与农村土地产权市场发育的缓慢[⑤]。

7.2.3　财政支农两极分化

惠农补贴是政府通过财政手段对农业生产、流通、贸易及农民提供的各项

---

① 程军. 土地依存与土地流转困境的突破——一个新型理论分析框架［J］. 云南社会科学，2020，238（6）：34-39.

② 苟兴朝，杨继瑞. 禀赋效应、产权细分、分工深化与农业生产经营模式创新——兼论"农业共营制"的乡村振兴意义［J］. 宁夏社会科学，2019（2）：84-92

③ 南光耀，诸培新. 农地流转中禀赋效应的影响因素分析——基于江苏省两县区的调查数据［J］. 经济纬，2020（3）：54-61.

④ 包国宪，刘青川，关斌. 产权强度为什么不能加快农地流转——禀赋效应的中介作用和土地依恋的调节作用［J］. 兰州大学学报（社会科学版），2021（3）：66-79.

⑤ 罗必良. 农地流转的市场逻辑——产权强度-禀赋效应-交易装置的分析线索及案例研究［J］. 南方经济，2014（5）：1-24.

补贴，是农民转移性收入①的主要来源，也是国家通过收入再分配扶持"三农"发展的重要政策手段。从国家统计口径来看，惠农补贴包括财政支农、水利、扶贫、农业综合开发、农村综合改革等支出，其中与承包地农民权益息息相关的主要是财政支农补贴及扶贫。而事实证明，财政支农对小农经营的背离和小农经营与精准扶贫的矛盾无不突显了当前小农生产关系与生产力发展的矛盾。

根据农业补贴对农产品贸易产生的作用，可以分为"绿箱"和"黄箱"补贴。我国农业补贴方式随着农村市场流通体制的改革不断在发生变化，特别是加入WTO农产品与国际市场接轨以后，农业补贴的力度和范围不断扩大。2008—2019年，国家财政支农支出从2278.9亿元增加到6554.7亿元，年均增长率达到10%，但财政支农占第一产业生产总值的比例却从7.02%增长到11.14%，随后又下滑到2019年的9.3%。这说明国家对农业补贴的支出少，支持力度依然不够。2015年，国家对农业补贴政策进行了大幅调整②，重点是从面向拥有承包地农民"撒胡椒面"式的补贴方式向耕种者特别是种植大户等新型农业经营主体倾斜。2016年，农业补贴项目达到39项，其中中央财政安排的"农业支持保护补贴"达到1415亿元，还专门安排了234亿元补贴用于支持适度规模经营，这与国家推进"三权分置"的改革导向是保持一致的。但各地区在具体实践中，可能将大量农业补贴向新型农业经营主体倾斜，落到小农户的仅有种粮补贴等少量资金。以四川2020年惠农补贴政策为例，在多项重要政策中，农业生产发展资金、农业资源及生态保护补助资金、动物防疫等补助经费、农村实用人才示范培训、农业信贷担保等主要针对新型农业经营主体，这也印证了国家推动农业适度规模经营的政策导向。财政支农政策对小农经营方式的背离，也是对分户承包结构缺陷的政策实践回应。而小农户本就缺少资金、技术支持，失去政府的扶持保护政策，在未能实现有效流转的境况下，必然加剧土地撂荒或农业兼业化，陷入土地低效利用的恶性循环。

在我国，长期以来存在小农经营与贫困交织的现象，农户生计多寄托于传统耕作为主的小农经济③，小农能力欠缺成为扶贫政策的逻辑起点，如何有效

---

① 根据国家统计局解释，住户调查中的转移性收入是指国家、单位、社会团体对住户的各种经常性转移支付和住户之间的经常性收入转移。包括养老金或退休金、社会救济和补助、惠农补贴、政策性生活补贴、经常性捐赠和赔偿、报销医疗费、住户之间的赡养收入，以及本住户非常住成员寄回带回的收入等。

② 2015年5月，财政部、农业部下发《关于调整完善农业三项补贴政策的指导意见》，决定从2015年起调整完善农作物良种补贴、综合直补和粮食直补等农业三项补贴政策，将"农业三项补贴"合并为"农业支持保护补贴"，目标调整为支持耕地地力保护和粮食适度规模经营。

③ 吴重庆. 小农与扶贫问题 [J]. 天府新论，2016 (4)：6—12.

阻断能力贫困，并确保资源引流渠道畅通无阻，使得小农户能够与现代农业经营有效结合，是后扶贫时期需要集中解决的问题之一。此外，支持和发展小农户也是促进乡村振兴乃至实现"两个一百年"奋斗目标所需应对的重要课题①。因此，在精准扶贫过程中，以产业扶贫为主导的扶贫政策在小农生产关系条件下始终难以发挥明显的带动作用，容易陷入"输血式"扶贫陷阱。实施给予现金和物资的"输血式"扶贫方式，可能导致贫困家庭对物资的需求持续上升，但并未真正增强他们摆脱贫困的意识与能力。俗话说"授人以鱼不如授人以渔"，这种"输血式"扶贫不仅加剧了贫困群体依赖心理，还可能扭曲了实际扶贫工作的步伐。基于对现实问题的反思，有学者提出"小农扶贫"的概念，针对贫困小农户的生产性扶贫，作为产业扶贫的关键补充手段，它对资源和能力的要求相对较低，对于解决根深蒂固的贫困问题、对抗自然或社会风险，以及巩固脱贫成效具有显著的重要性②。其核心思想是通过建立小农与城市消费群体直接对接的社会网络的方式，实现小农户与城市市场的联结机制，从而规避小农利益受损的问题，这不失为产业扶贫的一种有益探索。但这种模式依赖于第三方政府或者社会组织的有效引导，还要考虑物流及交通等成本，很难大范围进行推广。此外，从贫困户的收入结构来看，有一部分脱贫的贫困户依赖政策性收入。贫困户对于政策性收入的过分依赖会逐步形成"路径依赖"，在享受政府资助中逐渐丧失劳动致富的内生动力，最终"劣币驱逐良币"。根据作者 2019 年对云南省某县脱贫攻坚的调研数据，该县 668 户脱贫户 2018 年人均纯收入均值为 8589.19 元，户均家庭经营性收入为 1705.65 元，人均 408.05 元；户均工资性收入为 28024 元，人均 6709.70 元；户均财产性收入为 251.74 元，人均 60.27 元；户均转移性收入为 5892.56 元，人均 1410.83 元。人均纯收入中占比最大的是工资性收入；经营性收入的占比仅为 4.75%，说明产业发展比较落后；转移性收入占比 16.43%，反映出脱贫户脱贫对于转移性收入依赖性比较高。因此，在巩固拓展脱贫攻坚成果与乡村振兴有效衔接的过程中，改造小农经济，建立契合市场逻辑的产业发展路径成为当务之急。

---

① 彭万勇，谷继建. 小农经营、衔接难表征与深层根源辨判——兼论小农户与现代农业发展有机衔接路向选择 [J]. 世界农业，2020（12）：108−117.

② 贺林波，张喻轶雯."区块链＋"小农户生产扶贫：模式与机制 [J]. 中国农业大学学报（社会科学版），2021（1）：111−122.

7.2.4 承包经营权抵押融资受限

  土地承包经营权抵押是盘活土地资本、适应新时期土地规模经营需要的一项制度供给，在处理农村多层次资金需求、推进农业与农村深化改革的过程中，抵押权的确立扮演着至关重要的角色，土地承包经营权作为抵押融资的核心环节，其实现过程尤为复杂并至关重要①。由于资本的逐利性和抵押的复杂性、高风险性，在土地产权制度改革中，政府始终保持审慎态度。在承包地"三权分置"改革之前，《中华人民共和国农村土地承包法》《中华人民共和国物权法》等明确规定通过集体发包的农村土地承包经营权禁止抵押，仅仅通过招标、拍卖或公开协商等方式承包的农村土地且依法登记取得产权证书的方可抵押，从法律上完全限制了小农户凭借承包地融资的权利。随着"三权分置"改革的推进，承包经营权抵押制度才应运而生②，各地农村土地经营权抵押融资模式探索逐渐推开，具体有物权融资公司或龙头企业提供担保增信、农户之间进行担保的小额循环贷款、经营权直接抵押以及成立土地抵押协会贷款模式等。③然而，就各试点地区情况看，通过农地抵押进行融资的比例并不高，政策效果并不理想。以土地改革先行地区江苏和黑龙江为例，2018 年江苏共有2942 笔农地抵押贷款，总计发放贷款 29 亿元，与同年度政府对农林水的投入近 200 亿元数额相比，抵押贷款仅仅占到很小一部分④；2018 年黑龙江金融机构农地抵押贷款余额 59.9 亿元，在涉农贷款余额中的比例为 5.8%，整体水平依然较低⑤。

---

  ① 屈茂辉，张媞. 论土地经营权抵押融资中抵押权实现的完善 [J]. 河南师范大学学报（哲学社会科学版），2022（6）：41-49.

  ② 2014 年，《中共中央 国务院关于全面深化农村改革加快推进农业现代化的若干意见》提出"允许承包土地的经营权向金融机构抵押融资"。2015 年，国务院发布了《关于开展农村承包土地的经营权和农民住房财产权抵押贷款试点的指导意见》。翌年，人民银行、银监会、保监会、财政部、农业部印发了《农村承包土地的经营权抵押贷款试点暂行办法》，并确定了抵押贷款试点县（市、区）。2018 年，十三届全国人大常委会七次会议审议通过了《中华人民共和国农村土地承包法》的修订案，第 47 条规定承包方可以用承包地的土地经营权向金融机构融资担保，并向发包方备案。受让方通过流转取得的土地经营权，经承包方书面同意并向发包方备案，可以向金融机构融资担保。《中华人民共和国物权法》第 184 条规定，耕地、宅基地、自留地、自留山等集体所有的土地使用权不得抵押，但法律规定可以抵押的除外。《中华人民共和国农村土地承包法》和《中华人民共和国物权法》在条款上的衔接，事实上已经打通了承包经营权抵押的法律通道。

  ③ 童彬. 农村土地经营权抵押制度研究——以制度困境、主要模式、风险控制和处置机制为路径 [J]. 社会科学家，2014（10）：105-109.

  ④ 陆晋文. 农地经营权抵押贷款存在的问题及对策 [J]. 现代农业科技，2019（23）：262-263.

  ⑤ 周海. 农村土地经营权抵押贷款的推广实践与思考 [N]. 金融时报，2019-08-19.

　　学者普遍认为，农村土地抵押有效性不足主要是由土地产权的残缺和法律的限制造成的。然而，在实行土地私有制的日本，即便赋予了土地所有者抵押贷款的权利，事实上抵押贷款的比例仅有 1‰，并且贷款机构以农协为主体。由于农村土地的流动性和变现性差，一般金融机构并不愿提供这种金融服务[①]。我国承包经营权抵押贷款试点的结果也证明了法律制度供给只是实现抵押的先决条件，并非充分必要条件，风险管理机制和土地市场机制的不健全同样会制约经营权抵押融资功能的实现。在法律层面，虽然明确了抵押融资的规定，但在操作层面的抵押担保以及纠纷处理尚缺乏配套制度保障，一旦转入方经营不善出现亏损或破产的情况，就会发生贷款违约，将面临高昂的纠纷处置成本。在政策层面，承包经营权抵押还缺乏充分的风险分散机制，农业天然的弱质性决定了农地抵押贷款的高风险性，这就需要政府提供风险补偿基金，但目前农业保险制度覆盖面窄、财政贴现率较低，且缺乏专门的信用担保机构，抵押贷款对各方主体都有较高风险。就农民而言，土地作为最后生存保障，承包经营权抵押缺乏社会层面的支撑，如果农民抵押贷款面临违约责任，将失去生活来源，由此也消解了农民抵押贷款的意愿。就抵押权人而言，承包地经营权缺乏折价变现的处置机制，金融机构并不具备从事农业经营的资质，不能成为经营权的适格主体，而拍卖或变卖又需要以完善的经营权价值评估体系为支撑[②]，抵押关系以及土地经营权的处理，是在农户与第三方担保者之间建立的，采取了一种将抵押与借款分开的间接抵押方式。这说明，在我国农村土地金融的具体操作中，拥有抵押权的不仅包括金融机构，还涵盖了第三方担保机构[③]。经营权的价值评估是一种特殊权利的估价，涉及土地的品质、开发效益、交通便利程度和当地经济发展水平等因素，很难确定统一的标准，目前尚没有专业权威的评估机构，无形中增加了经营权融资的交易风险，加深了土地抵押物实现的困境。经营权抵押处置的变现权能的缺失，容易使抵押权形成"空头支票"，这是制约金融机构提供金融供给的主要因素。

　　综上所述，农村土地经营权抵押融资的实现受法律政策、市场机制等因素的影响。在法律制度放开的前提下，寻求农村土地抵押有效性不足的根源，还在于小农生产关系的内生缺陷造成的抵押市场的先天不足。分户承包土地下的农业规模细小、经营收益低下导致承包经营权的抵押价格极为有限，影响了土

　　① 温信祥. 日本农村信用担保体系及启示 [J]. 中国金融，2013 (1)：85－87.
　　② 谭贵华，吴大华. 农村承包地经营权抵押权的实现方式 [J]. 农业经济问题，2020 (6)：119－130.
　　③ 李韬. 农地产权抵押下的信贷配给：分抵押权人比较 [J]. 经济与管理研究，2020 (8)：93－103.

地流转市场的发育，消解了融资双方的积极性①。广大小农户在半工半耕的分工模式下，缺乏对农业投资的内生动力。只有农业企业、种植大户等新型农业经营主体对抵押融资有着较高的需求，但有限的需求无法生成有效的市场机制，最终制约了抵押融资功能的实现和农村稀缺资源的优化配置。此外，考虑到我国的国情与农村状况，农村土地经营权作为抵押的贷款方式在缓解农民贷款难题方面，其效果是有限的。由于受到农村土地规模、经营权的期限以及土地流转费用支付方式的限制，农村土地经营权抵押贷款通常更适宜在那些拥有较大耕地面积或土地价值较高的地区进行，而对于我国多数地区，这种方式的适用性尚显不足②。因此，激活农村土地抵押价值和建立与市场机制兼容的生产关系成为同一事物的两个方面。

7.3　农村土地征收中的产权利益

征地是国家凭借对土地资源配置的权利，旨在满足公共利益需求、实现资源配置优化的一种有偿型强制性产权交易。如果这种权利使用不当，极易造成对土地所有者利益的侵犯。

7.3.1　我国农地征收制度的演变与问题

征地补偿是征地制度的核心问题，也是农民土地权益的重要体现。我国征地补偿虽历经改革，但始终建立在政府对土地的严格管控和市场垄断的基础上，补偿标准远远低于土地的市场价值。1950 年，《城市郊区土地改革条例》首次明确规定国家征用私人农地，需给予公平合理补偿或土地置换。1953 年《国家建设征用土地办法》的颁布，正式确立了土地征收制度，明确了补偿的内容包括土地补偿费③、附着物农作物的补偿费以及安置（移民）费用等，这一征地补偿依据和方式一直沿用了几十年。1982 年，《国家建设征用土地条

---

① 王德福. 制度障碍抑或市场不足？——农地产权抵押改革的限制因素探析 [J]. 求实，2017 (5)：79－88.

② 林一民，林巧文，关旭. 我国农地经营权抵押的现实困境与制度创新 [J]. 改革，2020 (1)：123－132.

③ 《国家建设征用土地办法》第七条规定：征用土地的补偿费，由当地人民委员会会同用地单位和被征用土地者共同评定。对于一般土地，以它最近二年至四年的定产量的总值为标准；对于茶山、桐山、鱼塘、藕塘、桑园、竹林、果园、苇塘等特殊土地，可以根据具体情况变通办理。

例》对征地补偿标准给予了明确①，规定征地补偿费用的总和不得超过被征土地年产值的 20 倍。1998 年，国家修订了《中华人民共和国土地管理法》，将土地征收的权限统一收归政府，并将征地补偿的上限标准提高至征地前二年平均年产值的 30 倍②，这个标准一直延续了 20 年。在这期间的改革中，国家更加重视农民的土地权益，将农民的社会保障与征地补偿挂钩，以保障被征地农民的长远生计问题。但是，在城乡二元土地制度下，农地征用或征收始终带有浓厚的计划经济色彩，国家的严格管控和行政权力的过度"伸张"，限制了土地市场的发育，影响了土地资源的配置效率和产权利益的保护。具体问题表现在以下三个方面。

一是法律漏洞为征地权利滥用提供了空间。我国关于农地征用的法律规定了征地主体、补偿标准和基本程序等，但并未对各主体权利规范进行约束，对"公共利益"清单未予明确，从而为征地中的"乱象"造就了权利滥用的"真空"。国家作为土地征收的唯一主体，土地征收权是由县级及以上政府代表国家行使的。政府垄断了建设用地一级市场，控制了建设用地二级市场，农地转为非农业用地必须经过国家征用转为国有产权，并通过招拍挂向房地产开发商出售土地使用权，取得土地增值收益。在农地转用的审批、征用和供应三个环节中，中央、省、市、县各级政府分享一定的决策权，中央政府掌握着最终决策权。分税制改革后，赋予了地方政府更加独立的利益主体地位，对于地方财政收入和经济扩张有着极大激励，特别是在城市化、工业化迅速发展的进程中，土地要素的价值飙升，成为地方财政收入的重要来源，进一步激发了市、县政府通过土地出让收益及税收获取"土地财政"的机会主义行动，打着"公共利益"的旗号行土地商业开发之实，导致圈地之风愈演愈烈。只有对政府的土地征收权力进行恰当限制，并对非公共利益用途的土地征收实施严格制约，才能有效遏制某些地方政府在土地征用行为中的滥权现象，更有效地维护农村集体土地所有者的合法权益，以及合理分配土地资源，确保政府征地的权力边界与公共用地的利益范围实现有机结合。③

二是征地程序的不规范助长了征地权力的滥用。相关法律对征地的程序规

---

① 《国家建设征用土地办法》第九条规定：征用耕地（包括菜地）的补偿标准，为该耕地年产值的 3 至 6 倍，年产值按被征用前三年的平均年产量和国家规定的价格计算。第十条规定：每一个农业人口的安置补助费标准，为该耕地每亩年产值的二至三倍。每亩耕地的安置补助费，最高不得超过其年产值的 10 倍。

② 《中华人民共和国土地管理法》第四十七条规定：土地补偿费和安置补助费的总和不得超过土地被征用前三年平均年产值的三十倍。

③ 袁文. 城乡融合视野下农村土地征收的法律规制研究 [J]. 农业经济，2021（4）：103−105.

定并不具体明确，在中央政府缺乏有力监管的情况下，违规违法征地的成本与收益极不对等[①]，为地方政府滥用征地权利创造了条件。加之农村集体土地的产权缺陷，导致农民对自己的承包地并没有真正意义上的发言权，往往在征地过程中成为利益的牺牲者。虽然，法律规定征地方案、补偿安置方案等应以书面形式向征地所在村、组进行公告，并听取集体组织和农民意见，但在执行中往往流于形式，地方政府强势占据对征地的绝对权利，集体和农民根本无法参与到征地过程中，对征地补偿的谈判尚且处于弱势地位，对征地目的的合法性认定更无发言权，甚至司法部门都被排除在外。[②] 一旦发生征地纠纷，被征地农民的权利申诉及司法救济缺乏畅通的法律渠道，通过司法途径伸张权益的成本极为高昂。确立征地流程时，不仅要满足公共利益的评估标准，还需对征地流程的设计进行进一步优化。首先，引入听证环节，广泛收集社会各界对征地事宜的看法。其次，提高透明度，通过多种途径公开征地相关信息，利用传统媒体和新兴网络媒体实时更新并记录相关信息，确保土地被征用者的知情权得到充分保护。最后，强化回避机制和内部监控体系，对于在征地中涉及利益相关的政府人员实行回避制度，预防贪污腐败的发生，并对整个征地程序实施严格监管，对检测到的问题及相关线索应迅速上报并严肃处理。

三是征地补偿的非市场性构成征地制度的根本缺陷。合理的补偿是建立在产权市场价值认可的基础上，反映不同经济发展阶段所对应的土地资源价格及在不同用途上配置的边际收益。但由于我国政府对征地权利的垄断，决定了征地补偿不能由土地市场来决定，只能取决于规定的补偿标准内农民与政府的谈判能力。农地转用前后的一二级土地市场的巨大红利，事实上是行政强制力下的土地扭曲价格[③]。根据国际经验，征地补偿价格一般占建设项目的30%。例如，美国、英国等以公平市场价格为补偿标准；日本除了市场价值确定征用损失赔偿外，还增加了通损赔偿、离职者赔偿、少数残存者赔偿等项目，是一种更加全面的补偿制度。我国由于农地市场受限，农村土地市场价格并未真正形成，而法定的农地被征收后的补偿仅仅是对应经营使用权的那部分产权利益，并未体现作为集体成员的承包权的利益补偿，这种不考虑土地转用后预期增值收益的补偿，脱离了土地的公平市场价值，加剧了征地中的利益冲突，成为征地补偿制度的根本缺陷[④]。从长远角度来看，应当遵循等价交换的市场经济准

① 廖富洲. 征地乱象与农村土地征用制度改革 [J]. 中共中央党校学报，2011，15（5）：41—45.

② 梁亚荣，刘燕. 构建正当的土地征收程序 [J]. 中国土地科学，2008（11）：20—25.

③ 孙超英. 城乡统筹中的农村产权制度重构 [M]. 成都：西南财经大学出版社，2015：59.

④ 林卿. 农民土地权益流失与保护研究 [M]. 北京：中国社会科学出版社，2013.

则，并以市场价格作为征地补偿的参考基准，结合当地经济发展状况及借鉴其他地区的经验，根据市场机制进行操作，对农户实施合理的土地补偿。土地的补偿金额应以当前市场价格为出发点，适当拓宽和提升补偿的范围和水平，不仅要考虑土地征用过程中对农户造成的直接经济损害，还要考虑到对他们未来生计可能造成的间接影响。基于这些考量，可以相应增加可预见和预期内的土地补偿金，从而既能体现土地资源未来的价值潜力，又能更有效地维护农户的合法权益。

7.3.2　农地征收中农民土地权益的流失

承包地对大多数农民来讲是唯一的财产权利，甚至是养老和生计保障。按过去几十年的土地政策，政府给予农民的补偿是按照土地原用途补偿安置，且规定了最高限额不超过征地前三年平均年产值的 30 倍。这种补偿并未包括土地本身的价格，相当于只承认了承包户农民对于集体土地使用的权利，否定了作为集体成员的所有权的存在①。那么，在城镇化和工业化高速发展的进程中，征地意味着剥夺农民的财产权和劳动权，甚至是失地又失业，失去生活来源和保障。当前，在城市化进程中失去土地的农户面临的主要难题是失去了持续的收入来源，基本生活保障难以确保。加之社会发展速度放缓和城市规模扩张停滞的现状，导致了第二产业与第三产业之间的结构失衡，这限制了为失地农户提供的就业机会。因此，在征地之后提供就业保障已经成为失地农户追求实际经济利益的关键诉求②。

农地补偿安置标准及数量不能看成权利主体自由意志的表达。按照原用途补偿安置是不足的。按征地前三年平均产值 30 倍的最高限额计算，一般情况每亩农地的征地补偿不超过 2 万~3 万元。但农用地转为国有土地后，土地增值收益可以大幅增长。据上海社科院提供的数据，十年前长三角地区每公顷农地征用价格为 37.5 万~45 万元，出让价格却达到 210 万~525 万元，市场价格达到 1125 万~2250 万元③。由此，有学者将以土地征用为特征的城市化进程称为继"工农剪刀差之后"的"征地廉价剪刀差"。据统计，2001—2020 年全国土地出让金累计超过 58 万亿元，2001 年全国土地出让金收入 1296 亿元，2020 年全国土地出让金收入 8.4 万亿元，近二十年增长了 65 倍，土地出让金

①　肖方扬. 集体土地所有权的缺陷及完善对策 [J]. 中外法学，1999 (4)：86−90.
②　李卫平. 城镇化建设中失地农民利益诉求问题研究 [J]. 农业经济，2022 (1)：81−82.
③　张曙光. 博弈：土地的细分、实施和保护 [M]. 北京：社会科学文献出版社，2010.

在国内生产总值所占比重从 2001 年 1.4% 增长到 2020 年的 8.3%，增长了 6 倍。土地出让金占财政收入比重超过 30% 的省、直辖市有 14 个，土地出让金占财政收入比重超过 50% 的省、直辖市有 6 个，重庆、江苏和安徽甚至超过了 60%①。据国研中心的调查，征地后的土地增值收益部分，投资者拿到 40%~50%，政府拿走 20%~30%，村集体组织扣留 20%~30%，农民补偿款仅占 5%~10%②。随着社会进步和农民权利意识的觉醒，在缺乏有效法律救济渠道的境况下，农民因征地拆迁、补偿安置主张、争取土地权益而爆发群体性冲突，甚至上升为社会群体性事件。

现实中的矛盾冲突使征地合理补偿问题一度成为社会各界关注的焦点，按照土地的市场价值进行补偿逐渐成为社会的共识。周其仁（2004）批判了"土地涨价归公"的错误思想，认为征地补偿应以农民放弃农地的代价为依据，经过征地双方在市场上的谈判来确定③。但征地的市场价值也是有一定限度的，不能等于土地出让价格，因为要考虑土地开发涉及的基础设施的投入等成本；当然也不能低于农地出租的价格④。王小映（2007）明确提出征地的市场价值应该包括农业农地农用资本化价格的租金价值、农地转用后的预期成长性价值和放弃农用地机会成本的选择性价值⑤。廖鑫彬（2013）认为土地的市场价值不应仅局限于其当前用途下的价值估算，而应参考美国法院在土地征用补偿过程中所采纳的"最高和最佳用途"原则，消除土地所在区域限制对市场价值评估的影响，确保集体土地在补偿时能真实反映出其市场价值⑥。徐济益等（2014）认为在对农地征收补偿进行评估时，应综合考虑该地区的经济状况、地理位置等因素，以构建一个农地市场价值估算模型，并利用该模型来评估被征用农地的市场价值⑦。薛军等（2015）为政策制定者提供了决策参考，指出如果政府行动旨在追求绝大多数人的最大福祉，那么低于市场价值的补偿即可作为一个既符合公正性也兼顾效率的征地补偿准则⑧。余文清（2022）认为在

① 数据来源：2002—2021 年《中国国土资源统计年鉴》《中国财政年鉴》。
② 李军杰. 地方政府为什么热衷经营土地？[N]. 21 世纪经济报道，2006—05—31 (003).
③ 周其仁. 农地产权与征地制度——中国城市化面临的重大选择 [J]. 经济学，2004 (1)：193—210.
④ 刘卫东，彭俊. 征地补偿费用标准的合理确定 [J]. 中国土地科学，2006 (1)：9—13.
⑤ 王小映. 土地征收公正补偿与市场开放 [J]. 中国农村观察，2007 (5)：22—31.
⑥ 廖鑫彬. 土地征收的公平市场价值补偿——一种基于土地增值税框架的征地补偿模式 [J]. 农村经济，2013 (7)：47—51.
⑦ 徐济益，黄涛珍. 我国征地补偿中的农地市场价值评估模型及应用 [J]. 华南农业大学学报（社会科学版），2014 (4)：62—69.
⑧ 薛军，闻勇. 我国农地征收补偿标准研究——基于政府行为的视角 [J]. 云南财经大学学报，2015 (2)：154—160.

集体土地的征用补偿中，可以应用公平市场价值的标准。政府在对被征地农民
进行补偿时，应考虑每块被征收土地的最高和最佳用途，根据具体情况并参考
相关因素，构建一个与"类似"交易市场相对应的评估体系，并根据市场化程
度选取恰当的估价方法，以此来确定每块土地的公平市场价值，确保补偿金额
与被征地者合法权益的均衡性①。只有以市场交易的方式进行征地补偿，才能
有效提高土地资源配置效率，维护农民权益，最终实现帕累托改进。

7.3.3　农地征收制度改革后的"二元悖论"

2019 年，国家对《中华人民共和国土地管理法》进行了修订，提出划定
"永久基本农田"，涉及其转用的一律由国务院审批；放开了集体建设用地入市
的限制，打破了政府土地供给的垄断地位，有利于农地交易市场的培育；特别
是在征地方面，明确列举了适用"公共利益"征地条件的清单，将新中国成立
以来一直沿用的以年产值为赔偿的标准转变为以片区综合地价为标准，使农民
充分享受土地的增值收益，并保障农民的长远生计②。这既是对征地政策的全
方位变革，也是对二元土地制度的破冰。但是否有利于土地资源的优化配置？
是否有利于维护广大农民的土地权益？

国家希望通过修改土地征收制度保障被征地农民权益来消解征收中的冲
突，事实上也改变了农民维权和利益博弈的预期。当前，我国城市化还在加速
推进，农地转用的刚性需求和法律对于被征地农民权益的保护，会进一步强化
农民对土地产权的禀赋效应，提高农民借征地补偿"要价"的资本，增加政府
的政治经济成本。法律的保护、市场的开放及中央对征地拆迁冲突的高压问
责，增强了农民对土地非农使用的利益预期，也提升了农民在征地拆迁谈判中
的主动权。

对此，贺学峰（2013）明确提出要慎提农民土地财产权，若农民土地产权
可以得到充分实现，正好处在城市发展平面推进面上的"符合城市化规划"的
农村土地非农使用让土地具有远高于农地的价值，按当前我们对城市建设用地
的常识，若这部分土地产权可以得到充分实现，农民可以不经过土地征收而自

---

① 余文清. 农村集体土地征收补偿机制及其评估方法再认识 [J]. 价格理论与实践，2022 (4)：
53−56，158.

② 《中华人民共和国土地管理法》第四十八条规定：征收土地应当给予公平、合理的补偿，保障
被征地农民原有生活水平不降低、长远生计有保障。征收土地应当依法及时足额支付土地补偿费、安
置补助费以及农村村民住宅、其他地上附着物和青苗等的补偿费用，并安排被征地农民的社会保障费
用。

主推进工业化和城镇化，这部分农民可以分享到经济成果，获得财产性收入，成为土地食利阶层，而这个阶层据估算不超过农民总数的 5%。这样的农民财产权可能恰恰损害了国家的财政能力，从而使国家财政更加无力为全国农民提供有力的转移支付，从而损害了全国绝大多数农民的利益。且庞大土地利益集团参与经济发展剩余的分享，就会挤占资本或劳动获利的空间，侵蚀资本利益，会造成新的分配不公[①]。北京大学国家发展研究院综合课题组（2010）在对成都农地产权制度改革的调研中发现，一些地方对城镇规划区内的土地房屋不做确权安排，主要担心在这些未来要发生国家征地的区域，一旦给农民确权登记颁证，将增加工作的难度。这也恰恰显示了现存国家征地制度与农民权利之间的内在矛盾和冲突。叶兴庆（2014）受日本、韩国等小块土地所有权获准出售或出租权限后反而陷入流转不动僵局的启发，对提高承包经营权产权强度保持关注态度[②]。田孟（2015）认为我国当前的征地体系是与我国宪法对土地利益分配基础架构的规定相符的，在体系构建上，政府实施的土地征用和拆迁活动，不仅是得到宪法许可的，而且满足了宪法所设定的要求，并依据农民土地财产权的能力提供了相应的补偿，没有侵害农民的土地财产权[③]。在社会各界异口同声地为农民争取产权利益的背景下，敢于提出"慎谈农民财产权"的观点实属不易，但对于抛开制度因素现象而"开药方"的做法无异于扬汤止沸、因噎废食，终究解决不了根源问题。

综上所述，在原农地征地政策下，由于政府对农地市场的管制和对土地市场的垄断，征地一直维持了计划经济方式，造成土地资源浪费严重，城乡、工农及不同社会阶层之间贫富差距拉大，土地纠纷严重地影响到社会稳定以及造成农民产权利益的巨大损失。征地政策的改革，赋予农民更多产权权力和对征地拆迁的主动权，仅维护了因承包地优越地理位置而获得巨额补偿的少数农民权益，集体其他成员分享不到集体土地的增值收益，必然引起新的分配不公问题，且侵蚀了集体所有权利益。究其原因，人地捆绑的分户承包制是造成这种"囚徒困境"的根源。在承包经营权较为弱势的情况下，承包地农民产权利益受损不言而喻；当确权颁证后，赋予承包经营权人以"准所有权"后，增强了农民对农地非农使用的增值预期，造就诸多"天价赔偿"，形成不公平分配现象，事实上也不利于对广大农民权益的保障。

① 贺学峰. 地权的逻辑Ⅱ：地权变革的真相与谬论 [M]. 北京：人民东方出版社，2013.

② 叶兴庆. 从两权分离到三权分离——我国农地产权制度的过去与未来 [J]. 中国党政干部论坛，2014（6）：9—14.

③ 田孟. 当前我国征地制度研究的三个基本问题 [J]. 甘肃政法学院学报，2015（5）：88—99.

7.4　农民社会保障权益及农村土地退出

农民社会保障权益与农地紧密相关，根源于传统农耕文化与土地制度，因农地承载生产与生活双重功能，导致流转困难，制约了农民权益的完全实现，目前存在的现实困境使农民在退出农地时面临权益保护不足的问题。

7.4.1　农地保障的内生根源

随着家庭承包责任制的确立，农村社会制度发生了整体性变迁，原集体化时期公社和大队建立的"合作医疗""五保户供养"等社会救助和保障体系逐渐瓦解。分户承包初期对农民生产积极性的调动，促进了农民生活水平的提升，保障了农民的生计问题，掩盖了社会保障的缺失。但随着农村社会分工的分化，分权让利的制度激励释放殆尽后，在人地矛盾高度紧张的情况下，基于分户承包的格局，土地的社会保障功能逐渐取代了生产性功能。这种土地保障主要有两个方面的内容：一是养老保障，土地作为我国农村社会养老保障的主要载体，是农民的根本，也是"三农"问题的核心，只要有一块承包地，通过基本的农业种植或养殖，就可以实现口粮的自足，满足最基本的生计需要；且以家庭为单位的生产经营方式维系了血缘纽带关系，依靠亲情和伦理力量，家庭成员养老成为一种习惯性制度安排，极大降低了养老的社会成本。土地养老模式下，农民没有退休年龄限制，迫于生计压力，往往是生命不息、劳动不止，这是土地作为生产要素承担养老保障的必然逻辑。因此，我国逐渐形成了一种以土地为基础的家庭养老保障机制。拥有土地意味着老年有支撑，土地作为养老保障的作用日益增强，已经成为农村养老体系的关键基石[①]。二是从事非农产业劳动的"失业保障"或"退农保障"[②]，由于农民外出务工具有诸多不确定性，例如在经济危机爆发时，随之而来的就很可能是就业难和失业的现实问题。在这种情形下，如果农村地区仍保有耕地，那么农民返回故乡便能够重新获得就业机会，因为从事农业耕作是最基础的维生手段，它不需要过高的教育水平，也不需要过多的职业技能训练，只要愿意辛勤工作，就能依靠耕作土地维持生计。承包地的潜在保障功能为农民工留下了一条退路，成为进城失

[①] 李思思. 基于土地功能视角的农村社会保障体系构建 [J]. 农业经济，2020 (9)：77—79.
[②] 陈颐. 论以土地换保障 [J]. 学海，2000 (3)：95—99.

败后的一种保障。由此可见，土地保障功能源于土地提供的就业机会和农业产出，是在特定的分户承包产权结构下，劳动者通过以土地为主的生产经营方式满足家庭单位内自给自足的生计需要，从而实现就业、养老及医疗等需要的自我供给①。但土地保障并非有效的，农村养老、医疗保障、鳏寡照料、子女就学等一系列社会问题已上升为农村社会主要不稳定因素。

综上所述，家庭承包责任制是农地保障功能的制度根源，农民作为集体成员获得承包经营权的同时，就获得了依靠土地产出提供就业和养老的权利。但无论工人或农民，都有权利享受国家提供的社会保障，这是公共服务供给的重要组成部分，与农民以土地作为养老保障的个人选择不能混为一谈。因此，以承包地的保障为借口将农民排斥在社会保障体系之外的思路与做法，与社会保障体系功能是冲突的，实际上是为农村社保缺失推卸责任。②

7.4.2　农地保障与农地退出的抵牾

土地的保障功能是与工业化、城镇化和农业现代化的发展相悖的。我国农村的社会保障体系面临着诸如制度分散、组织板块化、职责不明确等多重挑战，这些问题限制了农村社会保障体系在国家治理及社会管理中积极角色的展现③。农村社会保障制度的缺失制约了土地功能的发挥和农地的退出，影响了农民市民化进程，使得传统的人口流动理论在我国特殊的制度背景下失效。在工业化和城镇化的发展进程中，农民的生产和生活方式在发生变迁，土地之于农民的需求功能也在发生变化。在承包责任制初期，农民对于土地更多的是生产生存性保障需求，在土地上从事农业生产是生活消费品及收入的主要来源；随着小块土地边际收益递减以及城乡人口流动的放开，半工半耕下的工资性收入逐渐替代经营性收入成为农民收入主要来源，农地成为进城致富的后备保障，养老及托底型保障需求快速增长；随着农民收入水平的提升，大量农民离土离乡逐渐融入城镇生活，对于农地的财产性需求不断增加。特别是在承包地地租完全减免没有成本或成本较小的情况下，农民对于农地非农使用增值效益预期较高，使得固守土地成为一种理性选择，从而造就了一大批本可以脱离农地但又不愿意放弃土地的"两栖化"农民。他们一方面把农地作为一种保障，另一方面又不愿意在农地上投入更多资源要素，实行粗放式经营，导致农业生

---

①　钟水映. 迈向农业现代化的中国土地制度改革研究 ［M］. 北京：科学出版社，2017：58.

②　韩克庆. 土地能承载农民的社会保障吗？［J］. 学海，2004（5）：57—61.

③　秦继伟. 农村社会保障的多重困境与优化治理 ［J］. 甘肃社会科学，2018（3）：16—22.

产的衰败，进而阻滞了农民退出承包地，延滞了农民市民化和非农化的进程。此外，城乡二元结构的长期存在也造成了二元社会保障格局的僵固。城市与农村的社会保障体系在提供的服务内容、覆盖广度以及福利水平上存在显著差异，导致农村居民无法享受到全面的社会保障，承受着沉重的生活压力并面临着重返贫困的风险，城乡二元的社会保障制度进一步扩大了城乡收入差距[①]。国家集中物资财力建立了较为完整的城市社会保障体系，但对于农村始终维系着"国家救济和社区自助的剩余保障模式"[②]，土地不可避免地承担了农村"稳定器和安全网"的作用，这是二元社会结构的延续和固化。土地保障的存在，与土地流转和土地市场的发育是背道而驰的，没有了承包地，农民的基本生活和失业风险的承担就丧失了保障。即便种地只能维持基本生活，农民也会把地牢牢地攥在自己手中，抛荒浪费、粗放经营也就不足为奇了。如果制度设计始终把农民的社会保障拴在土地上，土地的福利性质就会持续压制财产性质，造成土地使用权的长期沉淀，制约土地流转的推进，形成农地退出和农村人口城镇化的障碍。

7.4.3　农地保障的现实困境

土地保障是分户承包制度下的特殊"衍生品"，是国家生产力发展水平较为低下、财政供给困难情况下的一种无奈选择。随着经济社会发展水平的提升，这一隐形制度安排已完成了历史使命，成为农业农村现代化的桎梏。近年来，国家大力推进基本公共服务均等化，着力建成多层次的社会保障体系，先后整合了城镇居民医疗保险和新农村合作医疗，以及新型农村社会养老保险和城镇居民社会养老保险，实现城乡医疗保险和养老保险的并轨，并将全部贫困人口纳入了基本医保、大病保险、医疗救助范围；社会兜底和保障水平也有了显著提高，截至 2021 年底，四川省城乡居民最低生活保障标准分别达到了8340 元/（人·年）和 6168 元/（人·年），基本养老保险、基本医疗保险、失业保险和工伤保险的参保人数分别达到了 6359.6 万人、8586.2 万人、1128.9万人和 1472.1 万人。可以说，我国建成了规模最大的社会保障体系，城乡医疗和养老保障的全面并轨，向城乡公共服务均等化迈进了关键一步。

根据国家统计数据，2021 年四川省参加基本医疗保险人数为 8586.2 万人，参保人数超过了全省总人数（9094.48 万人）的 90%。但是，参加养老保

---

① 张翼. 社会保障对中国城乡收入差距影响的初步研究［J］. 经济与管理，2010（6）：20−23.
② 王佳慧. 关于土地制度与农村社会保障关系的思考［J］. 前沿，2005（8）：220−224.

险的情况却不容乐观，同期四川省参加城镇职工和城乡居民基本养老保险总人数为 6359.6 万人，相当于还有两千多万人未参保。根据第七次全国人口普查的数据，四川省乡村 60 岁、65 岁及以上老人分别为 989.25 万人、793.85 万人，占比分别为 27.32%、21.92%。由于养老保险政策出台较晚，60 岁以上老人基本未参保，仅能领取基础养老金，年均在 1000 元左右，以当前生活水平来看无异于"杯水车薪"。此外，其他小农户对参加养老保险的积极性也普遍不高，其原因在于以个人缴费为主的保障制度与城镇职工养老保险有着质的差异，他们不愿从本就较少的收入中拿出一部分缴纳保险来换取一定年限后才能兑现的保障[①]。因此，对于当前大多数农村老人来讲，只有通过土地保障和子女赡养来解决养老金不足的问题。

综上所述，分户承包的土地制度缺陷抑制了农民从事农业生产的积极性和土地的财产性功能发挥，使得农民收入增长受限，制约了参与养老保险的能力，使得农村社会保障制度与农业农村现代化进程相背离，难以发挥有效作用，最终还要依靠土地保障解决养老问题，无形中增强了农民与承包地的黏滞性，农民即使无力耕种也不愿退出或流转土地，造成土地资源的浪费。由此，农村土地制度与养老保障制度陷入相互掣肘的恶性循环中。根本原因在于，土地产权制度的低效性，与现代市场机制不兼容，无法为农民增收致富提供持续性激励。一家一户的小农经济类似于小个体户，没有集体单位的支撑，仅仅依靠政府提供与生活水平相当的养老保险制度是不现实的。可见，完善土地产权制度才是构建完整高效的农村社会保障体系的关键之举。

---

① 王佳慧. 关于土地制度与农村社会保障关系的思考 [J]. 前沿, 2005 (8)：220—224.

第8章 以深化土地制度改革促进农村土地高质量利用

土地制度是一个国家最为重要的生产关系安排，是一切制度中最为基础的制度。立足新发展阶段，如何通过农村土地制度改革促进农地高质量利用成为时代重大课题。习近平总书记指出，要以农村土地集体所有、家庭经营基础性地位、现有土地承包关系的不变，来适应土地经营权流转、农业经营方式的多样化，推动提高农业生产经营集约化、专业化、组织化、社会化，使农村基本经营制度更加充满持久的制度活力。基于此，本章重点从完善集体所有制结构、优化农村资源要素配置、完善配套支持政策三个方面提出当前和今后一个时期深化农村土地制度改革的政策建议，以期为推进乡村全面振兴、实现农民农村共同富裕提供科学借鉴。

8.1 以发挥农民集体"统"的作用为根本，完善集体所有制结构

党的十八大以来，农村土地制度改革延续了向广大小农户"还权赋能"的核心方向，对农村土地集体产权再次进行细分，逐步形成并巩固了农村土地集体所有权、承包权、经营权的"三权分置"格局，极大缓解了农地流转的现实制约。但农村土地集体所有权"统"的功能与作用仍无法得到有效发挥，这也成为当前与今后一个时期农地产权制度改革的重点问题。基于深化农村改革的主线任务，必须充分发挥集体所有权功能，真正赋予农民集体对于集体土地的统筹权限，这是稳定农村土地产权关系、充分释放农村土地权能、激活农村发展活力的重要举措，也是促进农村土地实现高质量利用的根本之策。

一是推进农村集体产权重构。现阶段农地改革的实践方向在于提升集体

"统"的作用，做实集体所有权功能，完善对农民集体的法权构造，推动承包经营权从土地的实物形态向注重价值形态转变，进而改变经营权的递进派生路径，这是发展新型集体经济、促进农民农村共同富裕的有效实现形式，也是坚持和完善集体所有制的应有之义。总体而言，借助第二轮土地承包到期后再延长三十年的契机，由农村集体组织推动农地经营权的统一集中与土地功能分类改革与流转分区改革。具体而言，首先以农村集体经济组织为载体，对组织范围内小农耕种的土地，在保证农户承包土地面积不变的基础上，通过承包土地置换合并的方式收回农地经营权到集体，将第二轮土地承包的细碎化土地合并为集中连片土地，同时借助土地整治改善抛荒土地性质，实现"小田并大田"。其次对于收回经营权的集体土地，通过功能分类、流转分区的形式实现集体决策下的统筹安排。具体来说，将全村土地分为个体自营类与流转经营类。其中，个体自营类土地由还有生产种植土地意愿的农户承包地组成，其本质是原承包地的有效置换；另外，全村有土地流转意愿的农户承包地则集中形成规模化的流转区域，由集体统一经营或集中流转给其他新型农业经营主体，实现土地的规模化经营，已经流转出去的土地，在遵守流转合同约定的前提下尽量不改变土地区位，或者根据流转合同进行同等面积与流转区土地进行置换。最后，上述实施措施均依赖于农村集体所有权的统筹协调功能，建议在稳定农村承包关系与坚持农民基本权益的基础上，总结推广集体所有权重构模式，解决市场化角度土地流转无法有效解决的农地细碎化难题，进一步激活集体"统"的作用。

二是巩固拓展农村集体产权制度改革成果。其根本在于在构建归属清晰、权能完整、完善流转顺畅、保护严格的产权制度的基础上，建立与市场经济相适应的新型集体经济运行机制，因地制宜地探索新型集体经济发展模式。首先，探索集体经济高韧性发展路径，因村施策选择自主开发、股份合作、组织联营等集体经济组织土地资源利用形式，鼓励与社会资本主体开展项目合作，发展资产运营型、资源开发型、服务创收型、产业带动型、土地经营型等高韧性集体经济创收模式，提高集体资金、资产、资源的有效利用效率，促进新型集体经济从快速发展到实现高质量发展。其次，合理运用政策帮扶与社会支持，为农村土地制度改革、集体经济发展积蓄优良要素。集体经济越发展，人才与资本越重要，要破除地域边界的限制，吸引专业化、素质化的乡土专家和农业技术人才，优选搭建集体经济组织管理队伍；构建完善集体"三资"运营制度，积极申报政府项目补贴，解决农村集体经济组织在自主经营过程中"原始积累"匮乏的问题。最后，处理好集体成员与土地收益的关系。加快推进农村集体经济组织成员权证发放，积极稳妥处理好农村集体经济组织成员身份确认，构建完善集体产权制度改革形成的集体股权利益分配机制，围绕完善集体经济组织成员财产权利的实现机制，鼓励有条件地区开展集体资产收益权的抵押贷款及退出转让等试点。

三是强化集体经济组织建设。首先，要依法合规完善农村集体经济组织治理结构，包括明晰组织治理结构、优化决策流程与强化监督管理、规范财务制度与加强集体资产监管，为推动资源的有效集聚、优化配置提供组织制度保障。其次，鼓励农村集体经济组织探索数字化方式在组织建设、农地流转领域的双向互嵌，通过电子平台交易形式，简化交易流程，降低交易成本，从而提高农地流转的效率和驱动力。再次，优化区域间农村集体经济合作路径和模式，鼓励乡镇与县域内的集体经济组织通过特色产业、资源互补等方式组建集体经济组织联合体，实现以抱团发展为目的推进村村联合或镇村联合的统筹规划发展，实现以农村土地高效利用为目标健全完善新型集体经济组织制度，助力发展新型城镇化、破除县域二元结构。最后，加强农村土地集约化经营与农村土地管理运营，鼓励农村集体经济组织内嵌社会化服务，在乡镇、农村等一定区域内为广大新型经营主体提供产前、产中与产后的全生产链社会化服务支持，在规模化土地中提高安全范围内的生物农业技术、数字化技术等现代化要素，进而提高农业农村现代化经营水平。

四是完善集体所有权的法律构造。首先，深化农地产权制度改革的重点任务之一在于完善集体所有权基本构造体系的立法表达，基于现行法律法规内容并结合改革实践经验，进一步明确集体所有权的主体、性质与作用范围，确保法律条文对"集体"的界定清晰，避免主体模糊导致的权属争议。建立集体所有权在内的农地产权长效反馈机制，及时收集和处理基层实践意见和建议并进行评估和调整，确保其适应农村经济社会发展的需要。其次，坚持集体所有权的排他性与公有性，建立健全集体所有权行使的决策机制与监督机制，设立专门的监督机构或引入第三方监督，确保集体经济"三资"使用和管理符合法律规定和集体成员的利益，防止"外部力量"与"内部群体"对集体财产的侵蚀。再次，围绕基层组织法律框架明确农村基层组织的职责范围，结合农村发展实际情况推动《农村集体经济组织法》的出台，推动农村基层组织权利细化与明确管理责权边界，探索"政经分离"后农村集体经济组织运行体制与监管体制改革，在农村集体产权制度改革"后半篇文章"中推动集体经济"三资"有效管理。最后，加强基层组织成员法律宣传教育，健全完善农村集体经济组织问责机制，提高集体经济组织干部依法履职的能力和水平，树立集体成员基本的法律意识和维权能力，对危害农村集体经济组织健康发展的主观行为进行有效追责，保障集体成员的合法权益。

8.2 以发挥有为政府和有效市场作用为关键，优化农村要素资源配置

资源集聚与要素优化配置是乡村全面振兴的重要动力。以土地制度改革为突破口，推进城乡二元体制的消解，促进要素资源在城乡之间的自由流动和优化配置，这就要求在政府与社会的协同赋能下，适应城乡融合发展导向，推进要素市场化改革，充分发挥市场在资源配置中的决定性作用，不断拓展农村资源要素的新内涵、新空间，发掘农村资源比较优势，形成城乡要素资源双向流动的格局。

一是构建规范化的农村土地产权流转市场体系，提高农村土地要素市场化配置效率。首先，明确农村产权流转交易市场的性质功能、运行规范，鼓励农村集体经济组织、新型经营主体、小农户等主体探索建立自主治理组织，打造集信息发布、产权交易、法律咨询、资产评估、抵押融资等为一体的为农服务综合平台，发挥信息传递、价格发现、交易中介的基本功能；同时在保证各方利益不受侵害的基础上，根据各地实情制定适宜的农村土地产权流转交易市场运行规范，确保农村土地流转交易的规范性和合法性。其次，要健全完善服务机制，以农村集体经济组织为载体建构县域、乡镇和农村在内的土地产权流转服务体系，为区域范围内新型经营主体提供系统化的服务指导，同时培育发展多样化的土地流转中介组织，推动形成具有统一性和规模性的土地产权流转市场。此外，各级参与主体要发挥监督治理作用，加强对土地流转的监管运营，确保交易双方具有完全民事权利能力和民事行为能力，流转交易符合法律法规和规划要求。最后，创新土地产权流转形式与市场建设，建立公开、公正、公平的统一交易平台和交易规则，建立统一市场下的地价体系，完善租赁、转让、抵押二级市场。推动农村土地产权度量方式的创新，提倡多元参与主体之间依法合规通过转包、转让、互换、出租和入股等形式流转土地产权，满足多样化的流转需求。充分利用现有农村产权流转服务平台，推动资源共享、优势互补、协同发展，探索电子交易、网络平台等数字化方式与农村产权流转交易市场的双向嵌入，提高交易效率。

二是推进系统化的农村土地统筹规划和适度规模经营，提高农村土地要素生产经营规模效率。首先，根据地区资源禀赋结构完善农村土地用途总体规划，明确粮食主产区、非粮作物优势区、畜牧产品优势区、水产品优势区及生态保护区等土地功能规划定位，明晰农村用地的空间布局和数量结构，为土地

适度规模经营提供科学的规划指导。构建农村土地多级协同规划管理制度，从制度层面严控耕地与永久基本农田、生态保护红线及城镇开发边界三条控制线。其次，落实农地利用规划与适度规模经营有效衔接，从资本投入、组织建设等层面推动发展规划有效落地。政府加大财政投入与政策倾向，设立专项资金用于支持农用地整治与撂荒地治理；鼓励社会金融机构与农村土地发展利用的深度融合实现形式，加强对农业发展的信贷支持，为经营主体提供便捷、低成本的融资服务；通过政府引导、市场运作的方式，吸引社会资本参与农村土地规模经营，推动农业现代化和产业升级；培育新型农业经营主体，鼓励农民自愿组建或加入农民专业合作社，通过合作经营实现土地、资本、劳动力等生产要素小范围优化配置。最后，优化完善土地适度规模经营的配套措施，构建土地流转贷款担保机制，社会金融机构组织设立土地流转贷款担保基金，为生产经营主体提供土地流转贷款担保服务，降低土地流转的融资难度和风险。加强生产经营主体的培训与技术指导，农村集体经济组织或其他自治主体开展农业技术培训和技术指导服务，提高经营主体的生产技能和经营管理能力，为土地规模经营提供有力的人才支持。增强农业科技投入，推广先进的农业技术和设备，提高农业生产效率和质量，为土地规模经营提供科技支撑。

三是缓解农村人才断流和劳动力流失问题，提高农业劳动要素生产效率。合理利用政策，在培育、引进、激励、利用、管理等多个环节全面发力，打造一支高素质农村人才队伍。首先，建立健全人才激励机制，大力培养农业科技型、经营管理型、手艺型生产能手等新型职业农民、职业经理人与农业社会化服务人才，对在乡村发展中具有改革创新意识、专业管理能力的优秀人才给予表彰和奖励，必要时列入村"两委"、集体经济组织管理班子，为乡村人才提供广阔的发展空间和晋升渠道。其次，大力实施乡村人才回流制度，政府出台优惠政策，如提供创业扶持资金、减免税收等，鼓励农民工、农业企业家等外出人才返乡创业。以县域人才市场为依托，建立乡镇人才市场（工作站），提高农村人才市场服务水平，协同推动农村人力资源的开发工作；持续优化乡村基础设施建设，改善乡村生活环境。最后，培育新型农业经营主体，提高单位农业劳动生产率。值得注意的是：要向家庭农户积极推行新型农业经营主体的生产模式，传统家庭农户大多细碎化耕种，生产规模较小，技术效率上升乏力，从而容易发生农地撂荒的现象，按照新型农业经营主体模式进行生产，可以有效避免这一现象的发生。不断提升各种新型农业经营主体的技术效率，各级地方政府要从资金、技术及其他投入要素方面对新型农业经营主体给予支持，不断提升技术效率，促使已经撂荒的农地能够被不断重新开发和利用，进一步实现资源的优化配置和利用。

四是强化农业科技推广，提高农业现代化水平。首先，从政策层面加大对数字农业和智慧农业的支持力度，政府部门应制定相应的政策措施，鼓励农民和企业投入资金和技术，推动农业科技创新，加强农业信息化建设，提高农民的信息素养，为数字农业和智慧农业的发展创造良好的环境。其次，加大科研投入，推动农业技术研发和应用，鼓励高校、科研院所和企业加强合作，共同研发适用于农业生产的数字化、智能化技术，如通过遥感技术、无人机等手段，实现对农田的精准监测和管理，利用大数据、人工智能等技术，对农业生产数据进行深度挖掘，为农业生产提供科学依据。再次，推广数字农业和智慧农业的应用，通过建立示范园区、示范基地等方式，展示数字农业和智慧农业的优势，引导农民和企业积极应用。加强农业技术培训，提高农民的数字技能，使农民能够熟练运用数字农业和智慧农业技术。此外，完善基础设施建设，为数字农业和智慧农业提供硬件支持。加快农村宽带网络建设，提高网络覆盖率和速度，确保农民能够顺畅地使用数字农业和智慧农业服务。同时，加强农业物联网设施建设，为农业生产提供实时、准确的数据传输和处理能力。最后，加强国际合作，引进国外先进的数字农业和智慧农业技术和经验。通过与国际组织、外国企业等开展合作，共同推动数字农业和智慧农业的发展，为我国农业转型升级提供有力支持。

8.3 以发挥"三农"相关政策协同作用为重点，完善配套支持政策体系

农村土地制度改革是个系统性工程，牵一发而动全身。这就要求从顶层设计角度做好相关配套政策的制定实施，着力发挥好相关政策的协同效应，增强政策系统性、整体性、协同性，使各项政策相互补充、相互促进。

一是完善政策支农体系。首先，要建立健全财政支农稳定增长机制，确保国家财政向农业、农村、农民的稳定倾斜，保证财政支农投入增量稳定提升。其次，创新财政支农形式，各级政府部门要结合市场化原则与国际先进经验，采用财政扶持、信贷保险、用电用地和税收优惠等手段保证财政支农投入，解决支农投入项目和资金渠道不成体系的问题，破除不同部门之间的政策障碍，整合涉农资金，减少特定项目的资助，统筹实施涉农项目；同时鼓励农民个人、合作社、村集体、企业等个人和社会组织投资农业领域，形成支农资金多元化、多渠道的新格局。再次，加强财政支农制度建设和监督管理。要从法律层面完善财政支农监管法律法规，依法规范各部门支农行为。明确各级政府的

职责，将各级政府财政支农资金分配、使用、监督和项目管理职责明确下来，确保支农资金的有效使用。建立健全财政支农资金使用的监督机制，加强对支农资金的审计和检查，防止支农资金的挪用和浪费。

二是强化金融支持。农业金融服务是农业经济体系发展的血脉，对于促进农村土地资源的高质量利用至关重要。首先，完善农业金融政策体系，对发展基础好、经营结构稳健、具备可持续发展能力的生产经营主体，在存款准备金率、再贷款再贴现等方面给予更优惠的货币信贷政策支持，降低涉农贷款的融资成本；加强财政与金融协同，建立省级或市级专项担保基金、"三农"中小企业绿色发展基金，发挥财政资金的杠杆作用，支持"三农"和小微企业健康发展。其次，推动农业金融服务研发创新，因地制宜地探索"金融＋大数据"发展模式。银行金融机构应主动加大农业金融领域的研发创新力度，因地制宜地推出多元化农业信贷产品，满足农业可持续健康发展的项目融资需求；打造个性化金融服务，鼓励农村金融机构发挥贴近基层的优势，"一企一策"提供差异化金融服务。再次，拓宽农业融资渠道，构建政府主导、银行信贷跟进、投资公司示范带动、农担公司和保险公司护航的融资模式，鼓励大型企业集团到粮食主产区和特色农产品优势区，建立优质原料生产基地，布局加工产能，促进农业转型升级；加强国际合作交流，借鉴国际机构与基金会、国际金融组织合作等经验模式，鼓励农业绿色低碳项目建设方与国际组织、多边开发银行等开发性资金对接合作，建立混合融资体系。最后，要加强农业金融风险监管与治理，细化事前管理体系，明确信贷资金准入条件，减少农业项目中财政资金占比，强化对项目建设后期的资金监管保障；发挥保险机构的引导作用并加强农业保险运用，依托数字化手段有效识别农业生产经营主体，根据组织差异化经营风险给予不同等级的保险产品，为降低农业生产风险"保驾护航"。

三是加快构建完善一体化的新型城乡社会保障体系。首先，扩大社会保障制度覆盖面，持续推进城乡基本公共服务均等化，加强对农村公共资源供给，建立城乡统一的社会保险制度、社会救助体系，确保城乡居民在养老、医疗、教育等方面享有同等的权益。例如，依法扩大基本养老保险的覆盖面，形成多层次养老保险体系，实现城乡居民基本养老保险制度的衔接，逐步整合成"多档次缴费，多水平待遇"的统一"城乡居民基本养老保险"制度。其次，强化政府责任与财政支持，各级政府应加大对社会保障体系的投入，确保社会保障资金的充足性；各级政府要确保城乡养老保险正常运转，落实社会保障"兜底"责任，对地方财政困难的地区，中央财政给予相应转移支付。健全完善进城农民的承包地、宅基地和房屋市场化退出机制，让进城农民工通过流转收益支持他们在城镇安家落户，科学优化中央和地方政府的财权和事权范畴，通过适度的财权下移和事权上升形成各层次政府财权和事权相匹配格局，保障公共服务的财政供给。再次，推动制度创新与整合，立足现行社会保障制度开展制度创新，如探索农村集体经济组织为集体成员缴纳部分养老保险及医疗保险制度，制定新型农村社会养老保险制度时，要考虑与旧制度的衔接，减少制度碎片化问题，提高制度运行效率。最后，建立新型城乡社会保障长效机制，着眼于新型城镇化的长远发展，构建社会保障监管体系，加强监管社会保障资金的安全和有效使用，提高社会保障服务水平，为城乡居民提供更加便捷、高效的服务。

参考文献

［1］Chen S，Lan X．Tractor vs．animal：Rural reforms and technology adoption in China［J］．Journal of Development Economics，2020（147）．

［2］Justin L．The World Bank Research Observer［M］．Oxford：Oxford University Press，2011．

［3］包国宪，刘青川，关斌．产权强度为什么不能加快农地流转——禀赋效应的中介作用和土地依恋的调节作用［J］．兰州大学学报（社会科学版），2021（3）：66−79．

［4］北京大学国家发展研究院综合课题组．还权赋能——成都土地制度改革探索的调查研究［J］．国际经济评论，2010（2）：5，54−92．

［5］蔡永飞．能否把土地承包经营权变为养老金卡——为建立农村社会保障制度献策［J］．调研世界，2002（4）：36−36．

［6］曹飞．城乡土地利用视角下的新型城镇化：制度桎梏与协同模式［J］．经济体制改革，2019（2）：27−32．

［7］陈锋．中国古代的土地制度与田赋征收［J］．清华大学学报（哲学社会科学版），2007（4）：5−13．

［8］陈航英．新型农业主体的兴起与"小农经济"处境的再思考——以皖南河镇为例［J］．开放时代，2015（5）：70−87．

［9］陈靖．进入与退出：资本下乡为何逃离种植环节——基于皖北黄村的考察［J］．华中农业大学学报（社会科学版），2013（2）：31−37．

［10］Chen M P，Chen J N，Lai S Y．Inventory analysis and spatial distribution of Chinese agricultural and rural pollution［J］．China Environmental Science，2006，26（6）：751−755．

［11］陈晓枫，翁斯柳．三权分置改革下农民财产性收入的特点和发展趋势［J］．政治经济学评论，2018（2）：106−122．

［12］陈颐. 论以土地换保障［J］. 学海，2000（3）：95－99.

［13］程军. 土地依存与土地流转困境的突破——一个新型理论分析框架［J］. 云南社会科学，2020，238（6）：34－39.

［14］戴永吉，王志锋. 城市化对中国农村土地利用效率的影响——基于CHIP数据的实证分析［J］. 中国土地科学，2019，33（10）：66－73.

［15］德姆塞茨. 财产权利与制度变迁［M］. 上海：上海三联书店，1995.

［16］邓绶林. 地学辞典［M］. 石家庄：河北教育出版社，1992.

［17］中共中央马克思恩格斯列宁斯大林著作编译局. 马克思恩格斯选集（第4卷）［M］. 北京：人民出版社，1995.

［18］樊鹏飞，冯淑怡，苏敏，等. 基于非期望产出的不同职能城市土地利用效率分异及驱动因素探究［J］. 资源科学，2018，40（5）：946－957.

［19］樊胜根，张晓波，Robinson S. 中国经济增长和结构调整［J］. 经济学（季刊），2002（1）：181－198.

［20］樊文杰，戴晓爱，谢一茹，等. 利用CLUE－S模型对四川省未来10年土地利用变化的预测与分析［J］. 科学技术与工程，2022，22（7）：2641－2647.

［21］方涧. 我国土地征收补偿标准实证差异与完善进路［J］. 中国法律评论，2019（5）：76－86.

［22］丰雷，胡依洁，蒋妍，等. 中国农村土地转让权改革的深化与突破——基于2018年"千人百村"调查的分析和建议［J］. 中国农村经济，2020（12）：2－21.

［23］冯小. 新型农业经营主体培育与农业治理转型——基于皖南平镇农业经营制度变迁的分析［J］. 中国农村观察，2015（2）：25－34，97.

［24］付磊，李德山. 中国城市土地利用效率测度［J］. 城市问题，2019（7）：50－58，67.

［25］付磊，李德山. 中国农业面源污染与绿色全要素生产率的区域差异［J］. 西南科技大学学报（哲学社会科学版），2021，38（3）：37－48.

［26］付兆刚，许抄军，杨少文. 新制度经济学视阈下农地改革与乡村振兴战略互动研究［J］. 农业经济与管理，2020（5）：16－28.

［27］干春晖，王强. 改革开放以来中国产业结构变迁：回顾与展望［J］. 经济与管理研究，2018，39（8）：4－15.

［28］高成凤，张素兰，王昌全. 四川省土地资源系统辨识及可持续利用对策研究［J］. 西南农业大学学报（自然科学版），2005（6）：922－926.

[29] 戈大专，王介勇. 土地利用转型与乡村转型发展耦合研究进展及展望 [J]. 地理学报，2019，74（12）：13.

[30] 苟兴朝，杨继瑞. 禀赋效应、产权细分、分工深化与农业生产经营模式创新——兼论"农业共营制"的乡村振兴意义 [J]. 宁夏社会科学，2019（2）：84-92

[31] 顾岳汶，吕萍. 农村土地制度改革及乡村振兴发展研究——基于产权经济学的一个分析框架 [J]. 经济问题探索，2019（9）：172-179.

[32] 桂华. 城镇化进程中的农村土地低效利用与改进——基于武汉，上海等市郊农业政策的比较分析 [J]. 经济学家，2018（3）：7.

[33] 桂华. 地权形态与土地征收秩序——征地制度及其改革 [J]. 求索，2021（2）：74-81.

[34] 郭贝贝，方叶林，周寅康. 农户尺度的耕地撂荒影响因素及空间分异 [J]. 资源科学，2020，42（4）：107-120.

[35] 郭冠男. 农民在市民化过程中的土地权利研究 [M]. 北京：中国社会科学出版社，2020.

[36] 郭强. 中国农村集体产权的形成、演变与发展展望 [J]. 现代经济探讨，2014（4）：38-42.

[37] 郭炜，林冬生. 传统农区农地制度改革的困境突破——基于广西玉林市的实证研究 [J]. 农村经济，2019（6）：40-49.

[38] 郭晓鸣，任永昌，廖祖君. 中新模式：现代农业发展的重要探索——基于四川蒲江县猕猴桃产业发展的实证分析 [J]. 中国农村经济，2009（11）：17-24.

[39] 韩俊，张云华，王宾. 以还权于民为根本出发点推进农村集体产权制度改革——上海市闵行区调查报告 [J]. 农村经营管理，2014（10）：20-23.

[40] 韩克庆. 土地能承载农民的社会保障吗？ [J]. 学海，2004（5）：57-61.

[41] 韩志荣. 工农三大剪刀差及其现状分析 [J]. 经济研究，1996（10）：57-61.

[42] 贺林波，张喻轶雯. "区块链＋"小农户生产扶贫：模式与机制 [J]. 中国农业大学学报（社会科学版），2021（1）：111-122.

[43] 贺学峰. 地权的逻辑 II——地权变革的真相与谬论 [M]. 北京：东方出版社，2013.

[44] 贺雪峰，印子. "小农经济"与农业现代化的路径选择——兼评农业

现代化激进主义 [J]. 政治经济学评论，2015，6（2）：45－65.

[45] 贺雪峰. 小农立场 [M]. 北京：中国政法大学出版社，2013.

[46] 洪鉴，徐学初. 建国初期四川的土地改革与乡村社会变动——当代四川农村现代化变革之个案分析 [J]. 西南民族大学学报（人文社会科学版），2010（12）：7.

[47] 洪银兴，郑江淮. 反哺农业的产业组织与市场组织——基于农产品价值链的分析 [J]. 管理世界，2009（5）：74－86，194－195.

[48] 姜晓萍，黄静. 还权赋能：治理制度转型的成都经验 [J]. 公共行政评论，2011，4（6）：79－102，177.

[49] 焦文静. 安徽省农业土地利用效率比较研究 [D]. 沈阳：东北大学，2011.

[50] 靳相木. 论五十年代初级农业生产合作社的产权制度——兼析新形势下发达地区农村股份合作经济的制度渊源及发展前景 [J]. 经济科学，1995（6）：22－26，37.

[51] 景勇，左玲丽，彭文甫. 四川盆地西北部土地利用碳排放时空变化分析：以绵阳市为例 [J]. 环境科学与技术，2021，44（6）：172－185.

[52] 孔祥智. 农业经济学 [M]. 2版. 北京：中国人民大学出版社，2019.

[53] 雷波，胡玉福. 农用地集约利用评价研究以四川通江为例 [J]. 资源与人居环境，2017（8）：6－9.

[54] 李灿. 区域土地利用转型诊断与调控的分析路径 [J]. 地理研究，2021，40（5）：14.

[55] 李宏，邓良基，张世熔，等. 对新一轮土地利用规划的几点思考——以四川省为例 [J]. 资源开发与市场，2005（2）：107－110.

[56] 李娟，李建强，吉中贵，等. 基于超 DEA 模型的成都市城市土地利用效率评价 [J]. 资源与产业，2010（2）：40－45.

[57] 李明贤. 农村土地利用的制度经济学思考 [J]. 农业经济问题，2001（4）：26－28.

[58] 李思思. 基于土地功能视角的农村社会保障体系构建 [J]. 农业经济，2020（9）：77－79.

[59] 李韬. 农地产权抵押下的信贷配给：分抵押权人比较 [J]. 经济与管理研究，2020（8）：93－103.

[60] 李万君，李艳军，史清华. 中国共产党百年农村经济政策的演进、创新及启示 [J]. 农业经济问题，2023（5）：133－144.

［61］李卫平. 城镇化建设中失地农民利益诉求问题研究［J］. 农业经济，2022（1）：81－82.

［62］李正图. 土地所有制理论与实践［M］. 北京：新华出版社，1996.

［63］梁静晖，杨钢桥，黄丹，等. 产业融合背景下农村土地多功能利用水平及耦合协调度［J］. 水土保持研究，2022，29（3）：244－252.

［64］梁亚荣，刘燕. 构建正当的土地征收程序［J］. 中国土地科学，2008（11）：20－25.

［65］廖炳光. 城乡中国阶段的土地制度往何处去？——刘守英教授著《土地制度与中国发展》评介［J］. 中国土地科学，2019，33（11）：98－104.

［66］廖富洲. 征地乱象与农村土地征用制度改革［J］. 中共中央党校学报，2011，15（5）：41－45.

［67］廖鑫彬. 土地征收的公平市场价估补偿——一种基于土地增值税框架的征地补偿模式［J］. 农村经济，2013（7）：47－51.

［68］林卿. 农民土地权益流失与保护研究［M］. 北京：中国社会科学出版社，2013.

［69］林一民，林巧文，关旭. 我国农地经营权抵押的现实困境与制度创新［J］. 改革，2020（1）：123－132.

［70］林毅夫. 新结构经济学［M］. 北京：北京大学出版社，2012.

［71］刘金海. 小农视角下的法国大革命及历史变迁［J］. 社会主义研究，2012（5）：129－132.

［72］刘晋希. 基于综合评价的土地可持续利用时空特征分析——以四川省为例［J］. 内江师范学院学报，2017，32（6）：71－76.

［73］刘荣增，黄月霞，何春. 城乡高质量融合发展影响土地利用效率的作用机制与实证检验［J］. 城市发展研究，2021，28（12）：128－136.

［74］刘诗白. 社会主义所有制研究［M］上海：上海人民出版社，1985.

［75］刘守英，王佳宁. 长久不变、制度创新与农地三权分置［J］. 改革，2017（12）：5－14.

［76］刘守英，熊雪锋，龙婷玉. 集体所有制下的农地权利分割与演变［J］. 中国人民大学学报，2019，33（1）：2－12.

［77］刘守英. 中国土地问题调查［M］. 北京：北京大学出版社，2017：59－76.

［78］刘涛，曲福田，金晶，等. 土地细碎化、土地流转对农户土地利用效率的影响［J］. 资源科学，2008，30（10）：1511－1516.

［79］刘卫东，彭俊. 征地补偿费用标准的合理确定［J］. 中国土地科学，

2006（1）：9-13.

[80] 龙花楼，陈坤秋. 基于土地系统科学的土地利用转型与城乡融合发展 [J]. 地理学报，2021，76（2）：295-309.

[81] 龙花楼，屠爽爽. 土地利用转型与乡村振兴 [J]. 中国土地科学，2018，32（7）：1-6.

[82] 卢现祥. 新制度经济学 [M]. 2 版. 武汉：武汉大学出版社，2011.

[83] 陆晋文. 农地经营权抵押贷款存在的问题及对策 [J]. 现代农业科技（23）：262-263.

[84] 罗必良. 农地流转的市场逻辑——"产权强度-禀赋效应-交易装置"的分析线索及案例研究 [J]. 南方经济，2014（5）：1-24.

[85] 罗必良. 农业共营制：新型农业经营体系的探索与启示 [J]. 社会科学家，2015（5）：7-12.

[86] 罗浩轩. 新常态下中国农业经济增长的三重冲击及其治理路径——基于 1981—2013 年中国农业全要素生产率的测算 [J]. 上海经济研究，2017（2）：24-33.

[87] 罗静，曾菊新. 新农村建设中的农村土地利用矛盾与改革策略 [J]. 社会主义研究，2007（4）：4.

[88] 罗玉波，朱晨曦，王春云. 基于共同前沿理论的中国农业绿色全要素生产率测度及"追赶"效应解析 [J]. 农林经济管理学报，2024（1）：30-40.

[89] 马克思. 资本论（第 3 卷）[M]. 北京：人民出版社，1975.

[90] 马历，唐宏，匡玥. 四川省农村区域发展与土地利用协调发展研究 [J]. 湖北农业科学，2017，56（7）：6.

[91] 南光耀，诸培新. 农地流转中禀赋效应的影响因素分析——基于江苏省两县区的调查数据 [J]. 经济经纬，2020（3）：54-61.

[92] 倪建伟. 快速转型期农村土地利用方式的变迁——一个东部沿海村落的个案解析 [J]. 学术研究，2011（12）：4.

[93] 夏英，曲颂，袁崇法，等. 农村集体产权制度改革中的股权设置与管理分析——基于北京、上海、广东的调研 [J]. 农业经济问题，2014，35（8）：40-44，111.

[94] 农业部课题组. 农村集体产权制度改革的实践与探索 [J]. 农村工作通讯，2014（3）：52-55.

[95] 诺斯. 制度、制度变迁与经济绩效 [M]. 刘守英，译. 上海：上海

三联书店，1994.

[96] 欧定华，张琪，秦景，等. 基于土地利用与其功能动态耦合性的县域国土空间分类体系构建 [J]. 农业工程学报，2021，37（24）：284-296.

[97] 彭朝霞. 基于 PSR 模型的区域土地可持续利用评价研究——以成都市为例 [J]. 农村经济与科技，2013，24（10）：80-82.

[98] 彭万勇，谷继建. 小农经营、衔接难表征与深层根源辨判——兼论小农户与现代农业发展有机衔接路向选择 [J]. 世界农业，2020（12）：108-117.

[99] 彭文甫，周介铭，杨存建，等. 基于土地利用变化的四川省生态系统服务价值研究 [J]. 长江流域资源与环境，2014，23（7）：1053-1062.

[100] 钱忠好. 农村土地承包经营权产权残缺与市场流转困境：理论与政策分析 [J]. 管理世界，2002（6）：35-45，154-155.

[101] 钱忠好. 中国农村土地制度变迁和创新研究 [M]. 北京：社会科学文献出版社，1998.

[102] 乔陆印. 乡村振兴视域下农村土地整治的内涵重构与系统特征 [J]. 农业工程学报，2019，35（22）：58-65.

[103] 乔志霞，霍学喜. 农业劳动力老龄化对土地利用效率的影响 [J]. 华南农业大学学报（社会科学版），2017，16（5）：13.

[104] 秦继伟. 农村社会保障的多重困境与优化治理 [J]. 甘肃社会科学，2018（3）：16-22.

[105] 邛崃市农村集体土地流转课题组. 以土地制度变革为主线的城市远郊新农村建设模式研究——四川邛崃市农村集体土地流转的实证分析 [J]. 农村经济，2007（5）：24-29.

[106] 邱俊杰，任倩，余劲. 农业劳动力老龄化，农业资本投入与土地利用效率——基于鲁豫皖三省固定农户跟踪调查 [J]. 资源科学，2019，41（11）：15.

[107] 曲福田，黄贤金. 中国土地制度研究——土地制度改革的产权经济分析 [M]. 徐州：中国矿业大学出版社，1997.

[108] 屈茂辉，张媞. 论土地经营权抵押融资中抵押权实现的完善 [J]. 河南师范大学学报（哲学社会科学版），2022（6）：41-49.

[109] 邵彦敏. 中国农村土地制度研究 [M]. 长春：吉林大学出版社，2008.

[110] 申成磊，李满春，李飞雪，等. 基于数据包络分析的分水镇农村土地利用效率评价 [J]. 中国土地科学，2011，25（1）：6.

[111] 沈水琴，李茂盛，任光梅，等. 耕地撂荒与成因分析——基于贵州

省黎平县和锦屏县的数据［J］. 农村经济与科技，2020，31（5）：4.

［112］省委政研室联合调研组.“塘约经验”调研报告［N］. 贵州日报，2017－05－18（005）.

［113］石宝峰，王瑞琪. 中国农村土地制度改革的历史进程、理论逻辑与未来路径［J］. 中州学刊，2023（10）：39－47.

［114］张孝理. 四川省农业合作经济史料［Z］. 成都：四川科学技术出版社，1989.

［115］宋洪远，高强. 农村集体产权制度改革轨迹及其困境摆脱［J］. 改革，2015（2）：108－114.

［116］苏康传，杨庆媛，张佰林，等. 山区农村土地利用转型与小农经济变迁耦合机理［J］. 地理研究，2019（2）：15.

［117］孙超英. 城乡统筹中的农村产权制度重构：基于成都“试验区”的探索［M］. 成都：西南财经大学出版社，2015.

［118］孙艳玲，黎明. 基于数据包络分析的四川农业可持续发展研究［J］. 科技进步与对策，2009，26（2）：4.

［119］谭贵华，吴大华. 农村承包地经营权抵押权的实现方式［J］. 农业经济问题，2020（6）：119－130.

［120］唐珂. 法国农业［M］. 北京：中国农业出版社，2014.

［121］唐珂. 美国农业［M］. 北京：中国农业出版社，2015.

［122］唐溧，刘亚慧，董筱丹. 土地确权与市民下乡的创新性机制分析［J］. 福建农林大学学报（哲学社会科学版），2018，21（2）：1－5.

［123］田孟. 当前我国征地制度研究的三个基本问题［J］. 甘肃政法学院学报，2015（5）：88－99.

［124］仝志辉，温铁军. 资本和部门下乡与小农户经济的组织化道路——兼对专业合作社道路提出质疑［J］. 开放时代，2009（4）：4－26.

［125］童彬. 农村土地经营权抵押制度研究——以制度困境、主要模式、风险控制和处置机制为路径［J］. 社会科学家，2014（10）：105－109.

［126］汪文雄，朱欣，余利红，等. 不同模式下农地整治前后土地利用效率的比较研究［J］. 自然资源学报，2015（7）：14.

［127］王宾，刘祥琪. 农村集体产权制度股份化改革的政策效果：北京证据［J］. 改革，2014（6）：138－147.

［129］王德福. 制度障碍抑或市场不足？——农地产权抵押改革的限制因素探析［J］. 求实，2017（5）：79－88.

［129］王佳慧. 关于土地制度与农村社会保障关系的思考［J］. 前沿，

2005（8）：220－224.

[130] 王金田，王学真，高峰. 全国及分省份农业资本存量 K 的估算 [J]. 农业技术经济，2007（4）：64－70.

[131] 王斯亮. 征地制度改革的"三元悖论"及其破解 [J]. 农业经济问题，2023（12）：72－84.

[132] 王宪明. 中国小农经济改革的制度选择研究 [M]. 北京：中国经济出版社，2008.

[133] 王小映. 土地征收公正补偿与市场开放 [J]. 中国农村观察，2007（5）：22－31.

[134] 王颖，邓良基. 四川省土地利用数量结构分析及土地可持续利用研究 [J]. 四川农业大学学报，2006，24（2）：7.

[135] 王占韵，邓伟，张少尧，等. 山区土地多功能性与过渡性地理空间关联分析——以长宁县为例 [J]. 地理科学，2022，42（6）：1091－1101.

[136] 王志远. 俄罗斯农村土地制度变迁二十年的回顾与反思 [J]. 俄罗斯学刊，2012（3）：59－64.

[137] 温信祥. 日本农村信用担保体系及启示 [J]. 中国金融，2013（1）：85－87.

[138] 吴方卫. 我国农业资本存量的估计 [J]. 农业技术经济，1999（6）：34－38.

[139] 吴晓燕. 动能转换：农村土地产权制度改革与乡村振兴 [J]. 社会科学研究，2020（3）：59－68.

[140] 吴宣恭. 所有制理论与社会主义政治经济学创新 [M]. 济南：济南出版社，2017.

[141] 吴易风. 马克思的产权理论与国有企业产权改革 [J]. 中国社会科学，1995（1）：4－24.

[142] 吴易风. 马克思主义经济学与西方经济学比较研究（第2卷）[M]. 北京：中国人民大学出版社，1995.

[143] 吴重庆. 小农与扶贫问题 [J]. 天府新论，2016（4）：6－12.

[144] 西奥多·W. 舒尔茨. 改造传统农业 [M]. 梁小民，译. 北京：商务印书馆，2013

[145] 习近平. 论"三农"工作 [M]. 北京：中央文献出版社，2022.

[146] 向平，李晓. 四川农用土地流转的特点及模式研究 [J]. 安徽农业科学，2009，37（31）：15460－15462.

[147] 肖方扬. 集体土地所有权的缺陷及完善对策 [J]. 中外法学，1999（4）：

86—90.

［148］肖辉忠. 俄罗斯农用土地私有化以及流转问题研究［J］. 俄罗斯东欧中亚研究，2015（1）：32—43.

［149］谢炳庚，李晓青. 湖南农村土地利用现状及对策初探［J］. 经济地理，2001，21（6）：4.

［150］徐济益，黄涛珍. 我国征地补偿中的农地市场价值评估模型及应用［J］. 华南农业大学学报（社会科学版），2014（4）：62—69.

［151］薛凤蕊，乔光华，苏日娜. 土地流转对农民收益的效果评价——基于 DID 模型分析［J］. 中国农村观察，2011（2）：8.

［152］薛军，闻勇. 我国农地征收补偿标准研究——基于政府行为的视角［J］. 云南财经大学学报，2015（2）：154—160.

［153］严金明，王晨. 基于城乡统筹发展的土地管理制度改革创新模式评析与政策选择——以成都统筹城乡综合配套改革试验区为例［J］. 中国软科学，2011（7）：1—8.

［154］杨军. 新型农业经营主体的技术效率对撂荒农地再利用的影响——基于 2014—2018 年粤赣的调查数据［J］. 农业技术经济，2019（12）：9.

［155］杨奎，张宇，赵小风，等. 乡村土地利用结构效率时空特征及影响因素［J］. 地理科学进展，2019（9）：10.

［156］杨澜，付少平，蒋舟文. 法国小农经济改造对中国的启示［J］. 世界农业，2008（10）：49—51.

［157］杨伦. 我国农业资本存量估算［J］. 时代金融，2019（5）：216—218.

［158］姚金伟. 限制开发区背景下的土地共有合作开发模式刍议——以重庆五宝镇为例［J］. 中国农村经济，2014（7）：72—80.

［159］姚志. 中国农村人地矛盾：未现之谜与二轮延包处置思路［J］. 经济体制改革，2021（6）：77—83.

［160］叶剑平. 中国农村土地产权制度研究［M］. 北京：中国农业出版社，2000.

［161］叶兴庆. 从两权分离到三权分离——我国农地产权制度的过去与未来［J］. 中国党政干部论坛，2014（6）：9—14.

［162］余文清. 农村集体土地征收补偿机制及其评估方法再认识［J］. 价格理论与实践，2022（4）：53—56，158.

［163］袁铖. 制度变迁过程中农民土地权利保护研究［M］. 北京：中国社会科学出版社，2010.

［164］袁文. 城乡融合视野下农村土地征收的法律规制研究［J］. 农业经济，2021（4）：103−105.

［165］臧威霆，朱国金. 四川省土地合理利用问题的初步研究［J］. 自然资源，1981（2）：22−30.

［166］翟峰. 农村集体产权制度改革构建农村集体经济新机制——以四川省为例［J］. 资源与人居环境，2016（11）：6−9.

［167］张佰林，高江波，高阳，等. 中国山区农村土地利用转型解析［J］. 地理学报，2018，73（3）：15.

［168］张碧，高成凤，张素兰，等. 四川土地可持续利用评价指标体系与实证研究［J］. 西南农业学报，2011，24（1）：171−177.

［169］张芳娟，张乾元. 我国农村反贫困的制度创新及其治理效能［J］. 江西社会科学，2021，41（4）：2，236−244.

［170］张峰. 产权残缺、利益补偿与社会利益关系协调［M］. 上海：复旦大学出版社，2016.

［171］张合林，王亚晨，刘颖. 城乡融合发展与土地资源利用效率［J］. 财经科学，2020（10）：108−120.

［172］张茜茜，廖和平，杨伟，等. 基于熵权 TOPSIS 模型的乡村土地利用转型评价研究——以重庆市渝北区为例［J］. 西南大学学报（自然科学版），2018，40（10）：135−144.

［173］张曙光. 博弈：土地的细分、实施和保护［M］. 北京：社会科学文献出版社，2010.

［174］张素兰. 四川省土地资源优化配置及其可持续利用［J］. 西南农业学报，1999（S1）：81−86.

［175］张新光. 小农理论范畴的动态历史考察［J］. 贵州社会科学，2008，217（1）：88−96.

［176］张毅. 农村土地利用中存在的问题和对策［J］. 小城镇建设，2003（11）：60−61.

［177］张翼. 社会保障对中国城乡收入差距影响的初步研究［J］. 经济与管理，2010（6）：20−23.

［178］张悦，邓伟，张少尧. 土地利用转型与农业生产结构调整的网络关联性研究——以四川省为例［J］. 农业现代化研究，2022，43（3）：379−389.

［179］张悦悦，李翠珍，周德，等. 乡村振兴视域下农村土地利用利益相关者分析［J］. 自然资源学报，2020，35（5）：15.

［180］张占耕. 农村集体产权制度改革的重点、路径与方向［J］. 区域经

济评论，2016（3）：105−112.

[181] 张卓志. 川东北丘陵山区解决农村土地撂荒的对策建议——以平昌县为例 [J]. 四川农业科技，2020（10）：2.

[182] 赵杰，赵士洞. 中国北方农牧交错带农村土地利用变化因子分析——以内蒙古尧勒甸子村为例 [J]. 农村生态环境，2003，19（3）：4.

[183] 赵俪生. 中国土地制度史 [M]. 武汉：武汉大学出版社，2013.

[184] 赵祥云，赵晓峰. 资本下乡真的能促进三农发展吗？[J]. 西北农林科技大学学报（社会科学版），2016（4）：17−22.

[185] 赵晓峰，付少平. 社会结构分化，关系网络闭合与农村政策扭曲——当前国家与农民关系面临的新挑战 [J]. 学习与实践，2015（1）：76−84.

[186] 中共中央党史研究室. 中国共产党的九十年 [M]. 北京：中共党史出版社，2016.

[187] 中共中央马克思恩格斯列宁斯大林著作编译局. 马克思恩格斯全集 [M]. 北京：人民出版社，1972.

[188] 中共中央马克思恩格斯列宁斯大林著作编译局. 马克思恩格斯全集 [M]. 北京：人民出版社，1995.

[189] 中共中央马克思恩格斯列宁斯大林著作编译局. 马克思恩格斯文集 [M]. 北京：人民出版社，2009.

[190] 中共中央马克思恩格斯列宁斯大林著作编译局. 马克思恩格斯选集 [M]. 北京：人民出版社，1972.

[191] 中共中央马克思恩格斯列宁斯大林著作编译局. 马克思恩格斯选集 [M]. 北京：人民出版社，2012.

[192] 中共中央文献编辑委员会. 邓小平文选（第三卷）[M]. 北京：人民出版社，1994.

[193] 中国农村发展问题研究组. 农村经济变革的系统考察 [M]. 北京：中国社会科学出版社，1984.

[194] 钟水映，李春香，李强谊. 迈向农业现代化的中国土地制度改革研究 [M]. 北京：科学出版社，2017.

[195] 周海. 农村土地经营权抵押贷款的推广实践与思考 [EB/OL]. [2019−08−19]. https://www.financialnews.com.cn/ll/gdsj/201908/t20190819_166232.html.

[196] 周其仁. 农地产权与征地制度——中国城市化面临的重大选择 [J]. 经济学，2004（1）：193−210.

［197］周其仁. 体制成本与中国经济［J］. 经济学（季刊），2017，16（3）：859－876.

［198］周其仁. 重新界定产权之路［J］. 资本市场，2008，3（3）：45.

［199］朱剑农. 中国农村生产关系研究［M］. 北京：中国社会科学出版社，1989.

［200］朱哲，巧巧. 乡村旅游高质量发展与土地利用转型耦合及政策创新［J］. 社会科学家，2023（6）：41－47.

［201］马克思. 资本论（第1卷）［M］. 北京：人民出版社，1975.

［202］左停. 当前加强农村土地资源利用与管理的策略［J］. 人民论坛，2021（10）：63－66.